W0171646

Heinz Biegling

Den Weg des Herzensgebetes gehen

Herzensgebet – Herzensmeditation:
Christliche Spiritualität für unsere Zeit

via nova
Verlag Via Nova

Heinz Biegling

Den Weg des Herzensgebetes gehen

Herzensgebet – Herzensmediation
Christliche Spiritualität für unsere Zeit

Verlag Via Nova

1. Auflage 1999

Verlag Via Nova, Neißer Straße 9, 36100 Petersberg

Telefon und Fax: (06 61) 6 29 73

Satz: typo-service kliem, 97647 Neustädtles

Druck und Verarbeitung: Rindt-Druck, 36037 Fulda

Alle Rechte vorbehalten

ISBN 3-928632-49-3

Widmung

Dieses kleine Werk ist meinen Patenjungen
Arnd Biegling und
Gerhard Konrad Rusch
gewidmet,
die beide schon
erwachsene junge Männer sind.

Herzlich gedankt sei meiner Frau Renate, die durch ihr Verständnis und durch manche inhaltliche Anregungen die Anfertigung dieses Textes unterstützt hat.

Der Hinweis „A.a.O." bezieht sich stets auf das unmittelbar vorher mit genauer Angabe gekennzeichnete Werk.

Inhaltsverzeichnis

1. Zur Entwicklung des Jesusgebetes – gemeinsame Wurzeln

Beim Jesusgebet handelt es sich um ein meditatives Geschehen, das im Bewußtsein mancher westlicher Christen im Raum der orthodoxen Kirchen beheimatet ist und das deswegen mit vorsichtiger Skepsis betrachtet wird.

Dabei weisen die Anfänge des Jesusgebetes in eine Zeit zurück, in der Ost- und Westkirche noch nicht voneinander geschieden waren. Jahrhundertelang wurde diese Gebetsweise in der frühen Kirche geübt; und so ist das Jesusgebet ein Schatz, auf den beide christliche Strömungen ein legitimes Anrecht haben. Sicher, die spätere Weiterentwicklung konzentrierte sich auf das östliche Europa.

Läßt sich eine innere Beziehung zwischen dem Jesusgebet und den evangelischen Kirchen erkennen, die sich seit dem 16. Jahrhundert als dritte christliche Richtung durchsetzten?

Es war doch das Anliegen der „Protestanten", solche christlichen Praktiken verstärkt zu beleben, die in die früheste Zeit zurückreichten. Sie wollten „Reformation", d. h. „Zurückbildung", keine „Revolution".

Ganz auf dieser Linie scheint zu liegen, was Luther in der „Zweiten Vorlesung über den Galaterbrief" als Quintessenz seiner Theologie zusammenfaßt: Das Wort Gottes ist im Text der Bibel enthalten. Es verdichtet sich im Neuen Testament zu der Mitte „Christus". „Christus" ist das „verbum centrale", die entscheidende, Heil wirkende Bezeichnung. Sie kann mir Gottes Liebe und Rechtfertigung so unmittelbar vergegenwärtigen, daß ich mit IHM „quasi una persona" gewissermaßen eine Einheit bilden kann.[1]

Das Jesusgebet und sein Ziel sind hier ganz nahe.

Die Anfänge des Jesusgebetes reichen bis ins 3./4. Jahrhundert zurück. Damals zogen die ersten christlichen Einsiedler in die Abgeschiedenheit der ägyptischen Wüste. Sie bedienten sich kurzer Stoßgebete, wie „Gott merk' auf meine Hilfe! Herr, eile mir zu helfen!"[2] Es sollte besonders in Gefährdungssituationen gesprochen werden.

Aber auch während der Arbeitszeit, vor dem Einschlafen u. ä. sollte das Gebetswort unaufhörlich wiederholt werden.

Ab dem 5. Jahrhundert entstand bei den Mönchen auf dem Sinai die spirituelle Grundströmung, die man als „Sinaitischen Hesychasmus" bezeichnet. Sie ist gekennzeichnet durch eine starke Jesusfrömmigkeit.[3]

Das wirkt sich auch auf die Auswahl der bevorzugten Stoßgebete aus. Hier wird mit großer Wahrscheinlichkeit zum ersten Mal der bloße Namen „Jesus Christus" als ständiges Gebetswort gesprochen worden sein.

In der ersten Hälfte des 6. Jahrhunderts leben in Gaza die beiden Schweigemönche, der hl. Barsanuphios und der hl. Johannes. Bei ihnen bzw. bei ihren Schülern ist die klassisch gewordene Gebetsformel des Jesusgebetes zum ersten Mal textlich bezeugt: „Herr Jesus Christus, erbarme dich meiner!" (Dositheos)[4]

---

[1] Vgl. Moeller, B., S. 355/56 in Kottje, R./Moeller B., Bd II, 1973.
[2] Cassianus, 10. Unterredung, zit. In Ilarion, Sch., 1991, S. 20.
[3] Vgl. Tittel, B., S. 31, in Ilarion, Sch., 1991.
[4] Vgl. Ware, K./Jungclaussen, E., 1982, S. 97.

Ab dem 7. Jahrhundert sind es wieder Mönche auf dem Gebiet des Sinai, die die weitere Entwicklung fördern.

Als wichtige Theologen seien Johannes Klimakos (gestorben 649), der Abt Hesychios (7.–8. Jahrhundert), Philetheos v. Sinai (9.–10. Jahrhundert) genannt. Diese geistlichen Väter mühen sich in ihren Schriften sehr um den methodischen Weg des Jesusgebetes und betonen besonders die Abhängigkeit seiner Wirkung von der „inneren Achtsamkeit" und der „geistlichen Nüchternheit".[5]

Symeon der Neue Theologe beendet diese große Epoche byzantinischer Mystik. In seinen Lichtvisionen schaut er Christus. In seinen Hymnen versucht er diese überwältigenden Erlebnisse in Worte zu fassen.

Er bezeichnet die Anrufung des Namens Jesu als das geeignete Mittel bei der Auseinandersetzung mit unerwünschten Leidenschaften und gegen das Aufkommen von störenden Gedankenbildern.[6]

Im 11. Jahrhundert kommt es zur Trennung von Ost- und Westkirche, nachdem sich beide Teilbereiche schon in den hundert Jahren davor theologisch auseinandergelebt hatten.

Es sollte Anlaß zur Besinnung sein, daß sich die Entwicklung des Jesusgebetes von den Anfängen bis hin zum Sinaitischen Hesychasmus in der gemeinsamen Stammkirche vollzogen hat.

In der Folgezeit sind es die Mönche vom Athos, die die hesychastische Mystik und zugleich das Jesusgebet weiterführen.

---

[5] Vgl. A.a.O., S. 97/98.
[6] Vgl. Tittel, B., S. 34/35 in Ilarion, Sch., 1991.

Gregor der Sinait ist gewissermaßen das Bindeglied zwischen Sinai und Athos. Bald, nachdem er sich mit seinen Schülern in der Nähe des Klosters Simonas niedergelassen hat, wird der Athos zum neuen Zentrum des Jesusgebetes.[7]

Gregor der Sinait lehrt, daß der geistliche Weg in mehreren Stufen voranschreite. Neben den asketischen Übungen habe die immerwährende Anrufung des Jesusnamens unverzichtbare Bedeutung: „Der hesychastische Beter soll den Geist in das Herz führen und beim Aussprechen des Jesusnamens diesen Namen einer Speise gleich genießen..."[8] Eine bestimmte Atemtechnik wird empfohlen.

Gregor Palamas, ursprünglich Schüler des Sinaiten, gewinnt noch größeren Einfluß als sein Lehrer. In heftigen Auseinandersetzungen mit seinen theologischen Gegnern behält er die Oberhand. Nach seiner Auffassung führt die intensive Übung des Jesusgebetes, zusammen mit der „gnadenhaften Teilhabe am göttlichen Leben"[9], zur Erfahrung der „Lichtschau".

Die Kanonisierung des Gregor Palamas (1368) steigert seine theologische Wirksamkeit in der griechisch- und auch in der russisch-orthodoxen Kirche.

Weitere herausragende Theologen sind im 14. Jahrhundert Kallistos II. und Ignatios. Sie legen ihre Lehre vom Jesusgebet in einer „Centurie" nieder. In einhundert Einzelabschnitte sind ihre Ausführungen gegliedert. Diese Centurie, mittlerweile modern übersetzt und gut kommen-

---

[7] Vgl. Tittel, B., S. 36, in Ilarion, Sch., 1991.
[8] A.a.O. S. 36.
[9] A.a.O. S. 37.

tiert, vermag auch dem heutigen Sucher, der den Spuren des Jesusgebetes folgt, wertvolle Hinweise zu geben.

Vom Athos aus formt sich eine dritte Hauptströmung, die das Jesusgebet weiter nach Osten, vor allem nach Rußland trägt. Hier ist es Nils Sorskij, der im 15. Jahrhundert das Jesusgebet in seiner Brüdergemeinschaft lebendig erhält. Danach allerdings geht die Übung des Jesusgebetes zurück und droht ganz zu versanden.

Diese Entwicklung ändert sich erst, als im 18. Jahrhundert die „Philokalie" veröffentlicht wird: Nikodemus der Hagiorit und Makarios von Korinth haben die vorliegenden hesychastischen Schriften der Väter zum Jesusgebet zusammengefaßt und in griechischer Sprache drucken lassen.[10]

Als dieser Sammelband ins Kirchenslawische übersetzt wird, kommen in Rußland breite Bevölkerungskreise mit dem Jesusgebet in Berührung.

Noch stärkere Wirkung hat die Drucklegung des ersten Teiles der „Aufrichtige(n) Erzählungen eines russischen Pilgers" in der zweiten Hälfte des 19. Jahrhunderts. Der Verfasser bleibt anonym.

Im 20. Jahrhundert entstehen von diesem Werk, ergänzt durch einen zweiten Teil, eine Reihe von Übersetzungen in westliche Sprachen. Zahlreiche Christen des Westens machen zum ersten Mal Bekanntschaft mit dem Jesusgebet des Ostens. Viele von ihnen möchten in der Folge erproben, ob dieser mehr meditative Weg auch für sie zur Erfahrung der göttlichen Gegenwart führen kann.

---

[10] Vgl. Tittel, B., S. 39, in Ilarion, Sch., 1991.

Allerdings zeigte es sich, daß die Erlebnisse und Erkenntnisse des „Russischen Pilgers", der durch die „Philokalie" unmittelbar von den Erfahrungen der hesychastischen Väter lebt, nicht ohne weiteres übernommen werden können.

Für heutige Christen des Westens und auch für die anderen Interessierten muß der überlieferte Schatz dieses hesychastischen Gebetsvorhabens transformiert und wohl auch zurückgeschnitten werden.

Das 21. Jahrhundert zieht herauf, und das Leben des Einsiedlers, des Mönchs, des Steppenpilgers ist nicht mehr das unsrige.

2. „Jesusgebet" – „Herzensgebet"

Besonders der Terminus „Herzensgebet" wird in der Literatur zum Jesusgebet mit unterschiedlichem Inhalt verwendet. Deshalb soll für diesen Text eine klare terminologische Abgrenzung vorgenommen werden.

Unter „Jesusgebet" verstehe ich die bei den Hesychasten im sinaitischen Raum, auf dem Athos und den ihn umgebenden Regionen und in Rußland sich herausgebildet habende Form des Wiederholungsgebetes, welches den Namen „Jesus", formuliert oder inhaltlich, als Kernstück in sich trägt.

Gemeinsames Ziel seiner Anhänger ist die „Hesychia", das innere Ruhen in Gott. Auf seiner höchsten, allerdings selten erreichten Stufe wandelt sich die bewußt vollzogene Anrufung im Gebetswort zum immerwährenden, selbsttätigen Gebet und kann zur mystischen Vereinigung mit der göttlichen Gegenwart führen.

Wie oben gesagt, differiert der Bedeutungsgehalt des Begriffs „Herzensgebet". Bei den Vätern ist manchmal eine besonders „erleuchtete" Form des Jesusgebetes, also eine der höchsten Entwicklungsstufen, gemeint.

Es gibt moderne Autoren, die den Inhalt von „Herzensgebet" weiten und damit auch solche Ausformungen von Wiederholungsgebeten umgreifen, die in den vergangenen Jahrhunderten in der Westkirche entstanden sind; möglicherweise sind noch andere Inhalte anzutreffen.

In dem folgenden Text wird mit „Herzensgebet" eine „moderne" Ausprägung des Jesusgebetes bezeichnet, die – aus dem Hesychasmus erwachsen – dem Menschen der Gegenwart als Glaubenshilfe und Mittel der Lebensbewältigung dienen kann.

Damit ist schon zum Ausdruck gebracht, daß sich im Vergleich mit dem „Jesusgebet" eine veränderte Schwerpunktsetzung ergibt.

Das Herzensgebet wird den Bereich der Kontemplation im engeren Sinne nicht so stark wie das Jesusgebet betonen. D. h., daß „Kontemplation", verstanden als „reines Schauen" (W. Jäger), als „unio mystica", als „Vereinigung mit Gott" (A. Bloom) nicht als ständig vor Augen zu haltendes Ziel begriffen wird. Deshalb werden höchste Stufen des hesychastischen Wiederholungsgebetes, wie sie etwa Theophan der Klausner noch erkennt, bei der Darstellung des Herzensgebetes unberücksichtigt bleiben.

Der Weg, der zur Kontemplation im engeren Sinne weist, ist aber zugleich der Weg zur göttlichen Gegenwart, die als Kraftquelle, als Geborgenheit, als Ursprung des Heils erfahrbar wird. Die letztgenannten Aspekte der göttlichen Wirklichkeit wird das Herzensgebet in den Vordergrund rücken.

So entspricht der „Ruhe" des Jesusgebetes beim Herzensgebet die „Gelassenheit", die sich beim tätigen Gestalten unserer Welt zu bewähren hat.

Die Übungsanforderungen, die beim Jesusgebet sehr hoch angesetzt sind, werden beim Herzensgebet gemäßigt. Später wird mehr auf das innere Wachstum als auf äußere Maßnahmen gesetzt.

Fassen wir zusammen: Unter „Herzensgebet" verstehe ich das der Gegenwart angepaßte Jesusgebet für den christlichen Laien des 20./21. Jahrhunderts, der mit diesem Beistand zur göttlichen Nähe findet und so die Belastungen und Anforderungen des weltlichen Lebens zu meistern versucht – und auch meistert.

Das so verstandene Herzensgebet versucht ernst zu machen mit der Aufforderung von Jesus Christus: „Kommet her zu mir alle, die ihr mühselig und beladen seid; ich will euch erquicken."

Und darum ist es legitim, mit dem Sprechen des Herzensgebetes zu beginnen, um im Beruf oder in der Familienkonstellation die Anforderungen besser durchstehen zu können. Es ist legitim, auf Kraftzuwachs und Gestaltungsfähigkeit zu hoffen, damit unser bescheidener Beitrag bei der Umgestaltung unserer Lebensbedingungen Wirklichkeit wird. Es ist legitim, den Weg des Herzensgebetes zu beschreiten, auf daß der in Christus sich uns zuwendende Vater Hilfe in Not und Angst gewähre.

Beginnen wir vertrauensvoll!

3. Die Macht des „Namens"

Im ersten Kapitel war darauf hingewiesen worden, daß sich bei den orthodoxen „Vätern" besonders solche Wiederholungsgebete durchsetzten, in deren Text der Name „Jesus Christus" oder auch nur „Jesus" vorkam.

Das Wiederholungsgebet, das über die Jahrhunderte hinweg das Leben der Mönche im Mittleren Osten bestimmte, war ein Namensgebet.

Das hängt damit zusammen, daß der Name nicht nur als eine Lautfolge angesehen wurde, die eine bestimmte menschliche oder gar göttliche Person bezeichnet.

Vielmehr lebten die Väter noch in der alttestamentlichen Tradition, nach welcher dem Personennamen eine gewisse Macht innewohnt: Der Name bezeichnet nicht nur, sondern er bewahrt auch die kennzeichnenden Merkmale dessen, der im Namen gemeint ist. Und mit seinen kennzeichnenden Merkmalen wird die gemeinte Person selbst vergegenwärtigt, falls ihr Name bewußt angerufen wird: „Der Name in seinem ursprünglichen Sinn ist die Verdoppelung des Genannten und Benannten, im Namen ist der Genannte präsent, gegenwärtig."[1]

Was zunächst allgemein für jeden Namen gilt, gilt in besonderem Maße für den göttlichen Namen; nicht weil Gott der Gesetzmäßigkeit des Namens unterstünde, sondern weil das Willenspotential des Allmächtigen auf lebendige Wirkung durch den Namen drängt. Gott will nicht in

---

[1] Frei, G., S. 144, in Rosenberg, A., (Hrsgb.), neu 1983.

„splendid isolation" verbleiben, ER will sich uns zuneigen: „An jedem Ort, wo ich meines Namens gedenken lasse, da will ich zu dir kommen und dich segnen". (2. Mos. 20, 24)

Wenn wir beschließen, mit dem Herzensgebet ernstlich umzugehen, dann werden wir zu einem solchen „Ort", wo Gott SEINER gedenken läßt.

Auch die Heilighaltung des göttlichen Namens im zweiten Gebot wird in diesem Zusammenhang verständlicher: „Du sollst den Namen des HERRN, deines Gottes, nicht mißbrauchen; ...". (2. Mos. 20,7) Dieses Gebot gibt doch nur dann Sinn, wenn durch den Mißbrauch des Namens Gott selbst tangiert, in seiner Würde verletzt wird.

Im heiligen Namen sind die Eigenart und die Verbindung zur göttlichen Gegenwart in verborgener Weise mitgegeben. Deswegen ist der Name zu schützen; aber deswegen kann auch die heilmachende Kraft ausgesagt werden, die SEIN Name erschließt.

In Jesus Christus offenbart sich der allmächtige Gott letztgültig. ER, der Unanschaubare, macht SEIN Wesen anschaubar in diesem Jesus. Und ER macht es ansprechbar in dem Namen, welchen ER durch SEINE Boten sowohl der Maria als auch dem Joseph übermitteln läßt. Der Neugeborene soll „Jesus" heißen, von „Jeshua", d. h. „Gott rettet", oder „Gott macht frei".

Wenn wir Heutigen den Namen „Jesus" bzw. „Christus" achtsam im Gebetswort wiederholen, dann dürfen wir hoffen, daß der von uns Angesprochene Antwort gibt. Das geschieht nicht in automatischer Weise. Wer den Namen „Jesus" mit der gleichen inneren Einstellung wie sinnlose Silben memoriert, für den bewegt sich nichts.

Doch wer diesen Namen als heiliges Wort ausspricht, für den wird sich die im Namen verheißene Hilfe schließlich verwirklichen. Deswegen ist dieser Name einzigartig. Er erschließt die Fülle der göttlichen Wirkungsmacht: „Indem wir diesen Namen wiederholen, begeben wir uns auf den Weg zum Herzen des Vaters."[2]

[2] Massa, W., S. 30, in Massa, W., (Hrsgb.), 1982.

4. Zum Aufbau des Herzensgebetes

Eine Grundeinsicht der Väter des Jesusgebetes ist es, daß sich der Übungsweg in mehreren Schritten oder Stufen entwickelt. Man fängt mit dem bloßen Sprechen des Gebetswortes an; im Laufe der Übung wird das Gebet vertiefter und innerlicher.

Solche Stufen bei der Gebetsübung werden von den Vätern in leicht unterschiedlicher Weise charakterisiert, die grundlegende Struktur bleibt aber zumeist erhalten.

Ich lehne mich bei der folgenden Einteilung an die Stufenfolge der Makarytschowa N. an, einer Meisterin des Herzensgebetes in unserer Zeit.[1]

4.1. Die erste Stufe des Herzensgebetes

„Fang einfach an. Um Gehen zu lernen, muß man den ersten Schritt wagen; um Schwimmen zu lernen, muß man sich ins Wasser stürzen."[2] Man beginnt ganz einfach mündlich, d. h. unter Inanspruchnahme von Zunge und Lippen, den Gebetstext zu sprechen, für den man sich entschieden hat. Der Text sollte langsam und in dem Bewußtsein gesprochen werden, daß es die göttliche Gegenwart ist, der man sich zuwendet.

Nach einer kurzen Pause wiederholt man die Gebetsformel in entsprechender Weise. Wieder kurze Pause. Wiederholung usw.

---

[1] Vgl. Makarytschowa, N., 1962, S. 20 ff.
[2] Mönch der Ostkirche, 1989, S. 22.

Das Wiederholungsgebet selbst kann aus einem Wort, aus zwei Wörtern oder aus einem ganzen Satz bestehen. Noch längere Texte wären zumindest ungebräuchlich.

Beispiele für Einwortgebete sind „Jesus", „Christus", „Jeshua", „Kyrios". Von manchen Erfahrenen wird der volle Name „Jesus Christus" bevorzugt.

Der Gebetstext, der durch den „Russischen Pilger"[3] im Westen geradezu klassisch geworden ist, lautet: „Herr Jesus Christus, erbarme dich meiner!" Die erweiterte Fassung findet sich ebenfalls: „Herr Jesus Christus, Sohn Gottes, erbarme dich meiner!" Die moderne Variante will den mitmenschlichen Bezug betonen, der allerdings in der ursprünglichen Formulierung schon mitgedacht ist: „Herr Jesus Christus, erbarme dich unser!"

Für manche Übende wird es günstig sein, die gegenüber dem klassischen Text leicht gekürzte, aber besser rhythmisierbare Form zu wählen: „Jesus Christus, erbarm' dich mein(er)!" oder „... uns(er)!"

Von Anfang an sollte man beim Sprechen den ein- und den ausgehenden Atem berücksichtigen. Für welches Wiederholungsgebet man sich auch entscheidet, es sollte so eingeteilt werden, daß es sich dem Atemrhythmus zwanglos einfügt.

So kann man beispielsweise flüsternd einatmen: „Jesus", ausatmend sprechen: „Christus"; nach kurzer Pause flüsternd einatmen: „Jesus", ausatmend sprechen: „Christus" usw.

Ein zweites Beispiel sei genannt: flüsternd einatmen: „Jesus", sprechend ausatmen: „Christus"; flüsternd einat-

---

[3] Jungclaussen, E., (Hrsgb.), neu 1974.

men: „erbarm'", sprechend ausatmen: „dich mein(er)!"
oder „...uns(er)!".

Es können sich Unterschiede bei der Textaufteilung ergeben, je nachdem ob man einen kürzeren oder einen längeren
Atemgang bevorzugt.

Solange wie man sich noch in der Einübungsphase befindet, kann man die Gebetsformel – nach reiflicher Überle-
gung und nach praktischer Erprobung – wechseln. Aber
sowohl die Altvorderen als auch die jüngeren Meister sind
sich darin einig, daß man sich nach nicht allzu langer Zeit
für einen bestimmten Text entscheiden sollte. Bei diesem
Gebetswort sollte der/die Übende dann monate- oder auch
jahrelang bleiben, damit das gewählte „heilige" Wort sich
immer tiefer in den Beter einsenken, schließlich mit ihm
eine Einheit werden kann.

Das Sprechen des Gebetswortes kann im Sitzen, im
Stehen, im Gehen, sogar im Liegen geschehen. Eigentlich
immer dann, wenn kein anderer durch die Geräusch-
entwicklung gestört wird. Dieses Umgehen mit dem heiligen Wort kann man als das „freie Üben" bezeichnen.

Zwei festliegende Übungsabschnitte pro Tag sollten
dazukommen, je etwa 15 Min. lang. Am besten sind die
Zeiten vor dem Frühstück und vor dem Abendbrot geeignet.
Das sind dann die „festen Übungszeiten". Sie sollten konsequent eingehalten werden. Muß man wirklich einmal eine
solche Zeitspanne ausfallen lassen, kann man sie – vielleicht am späten Abend – nachholen.

Die innere Einstellung, um die wir uns beim Üben auf der
ersten Stufe des Herzensgebetes bemühen, ist die des
Geöffnetseins für die göttliche Gegenwart. Man kann sie
auch als „Zugewandtsein" zu Jesus Christus bezeichnen.

Wenn man in der ersten Übungsphase auf diese Weise mit dem Herzensgebet umgeht, kommen am Tag ungefähr 50 – 60 Min. Übungszeit zusammen.

Gewarnt sei vor Übertreibung! Sobald sich in irgendeiner Form eine Überbeanspruchung bemerkbar macht, vielleicht ein leiser Kopfschmerz, sollte man für diesen Tag mit der Gebetsübung aufhören.

Das Herzensgebet ist eine Aufgabe für Leute, die einen langen Atem haben, jetzt in übertragener Bedeutung gemeint. Man sollte die tägliche Übungszeit nur langsam und im Einklang mit der eigenen Belastungsfähigkeit steigern. Der „Russische Pilger", der schon nach kurzer Übungspraxis das Gebetswort bis zu zwölftausendmal täglich spricht, ist für uns Westeuropäer des 20./21. Jahrhunderts sicher nicht das erstrebenswerte Vorbild. Dieser Pilger ist durch andere Gebetsformen und durch die langen Gottesdienste seiner russisch-orthodoxen Kirche in besonderer Weise belastbar geworden. Hinzu kommt, daß der Starez, der seinen Zögling so hart an die Kandare nimmt, wohl besondere pädagogische Motive bei seinen Anweisungen im Auge hat, die nicht zu verallgemeinern sind.

4.2. Begleitende Maßnahmen, erster Teil

Die folgenden Ausführungen sind nur für solche Leser/innen gedacht, die jahre-, vielleicht jahrzehntelang nicht mehr die Bibel gelesen haben. Wer in dieser Hinsicht über gesicherte Kenntnisse verfügt, der überspringe einfach den sich anschließenden Abschnitt!

Das Herzensgebet ist kein einseitig menschliches Tun. D. h., das bloße Sprechen des gewählten Gebetswortes wird

24

nicht gesetzmäßig, bestimmte gewünschte Folgen zeitigen. Entscheidend ist das antwortende Wirken des angesprochenen Christus.

Ein Kennzeichen dafür, daß wir diesen Christus ernst nehmen, ist, daß wir regelmäßig einen Abschnitt aus den Evangelien bzw. aus der Apostelgeschichte lesen. Sicher wäre es am besten, wenn dies täglich geschähe. Aber zweimal in der Woche ist auch regelmäßig.

Es ist nicht negativ, wenn Zweifel an berichteten Geschehnissen, vielleicht an den „Wundern" auftauchen. Man konstatiert eben: Das kann ich nicht nachvollziehen; hier melde ich meine Bedenken an. Gut ist es, sich mit den bewußtgewordenen Zweifeln an Christus zu wenden. So kann man beim nächsten Sprechen des Herzensgebetes die Bitte um Erklärung oder um Befreiung von Zweifeln mit eingeben: „Jesus Christus, erbarm' dich mein(er)!" kann in dieser Situation bedeuten: „… erbarm' dich meiner Zweifel!"

Aber es braucht Geduld. Und die Mittel und Wege, wie Christus solche Bedenken ausräumt, die müssen wir schon IHM überlassen.

Vielleicht ist es für manchen eine gewisse Hilfe, sich klarzumachen, daß die Evangelien keine wörtlichen Mitschriften der Jünger sind. Sie, als Leser, können also durchaus auf inhaltliche Widersprüche kleinerer Art stoßen. Es geht aber vor allem um die Leitlinien und um die Grundsachverhalte, die das Handeln Jesu Christi ausmachen. Diese widersprechen sich nicht.

Seine Art der Zuwendung zu den Hilfsbedürftigen gilt auch noch heute, vielleicht gar für Sie, die Sie sich jetzt mit seinen historischen Heilungstaten auseinandersetzen. Möglicherweise werden diese in dem Maße für Sie nachvollziehbar werden, wie Sie beim Hineinwachsen in das Herzensgebet das Heilungshandeln Jesu Christi an sich selbst wahrnehmen. Vielleicht nicht sensationell, aber für Sie eindeutig erkennbar.

Die sogenannten „Naturwunder", von denen das Neue Testament berichtet, also z. B. das Umwandeln von Wasser in Wein, die Speisung der Fünftausend, Jesu Gang auf dem See Genezareth u. ä., die lassen sich gleichnishaft, symbolisch verstehen.

Solche Interpretation ist keine Herabwürdigung des biblischen Textes. Das Neue Testament lebt viel stärker in gleichnishaften Aussagen als unser wissenschaftsgeprägtes Zeitalter.

Auch wenn Zweifel und Bedenken vorläufig bestehen bleiben, zur nächsten Übungszeit lesen wir weiter. Die vier Evangelien und die Apostelgeschichte sind für unser Vorhaben die wichtigsten Texte.

Bei dieser Lektüre sollte man sich Zeit lassen. Es kann sein, daß Sie an manchen Tagen nur einige Verse neu lesen. Falls Sie sich von ihnen existentiell angerührt wissen, „ruminieren" Sie sie im Geist hin und her. Betrachten Sie sie unter den verschiedensten Gesichtspunkten, nicht zuletzt unter dem persönlichen.

Bei solchem Sinnen über den Text wird seine geistliche Spur angesprochen, sein besonderes Beziehungspotential – zum Geist Christi, zur göttlichen Gegenwart hin. Es mag sein, daß jene „Spur" nicht leer bleibt, sondern für Ihren Glauben einen neuen Impuls setzt.

5. Die zweite Stufe des Herzensgebetes

Man kann in der Literatur, etwa in der Schrift von N. Makarytschowa[1], die Empfehlung finden, das Lippengebet der ersten Stufe ein ganzes Jahr lang zu üben, ehe man in der Gebetsweise voranschreitet.

Für einen Einsiedler, aber auch für eine(n) Alleinlebende(n) ohne Beruf, mag eine solche Weisung sinnvoll sein. Doch für den Durchschnittsmenschen unserer Zeit würde es bedeuten, auf eine Fülle von Übungsmöglichkeiten zu verzichten. Wer bei der Arbeit oder in der Familie auf andere Rücksicht nehmen muß, der kann nicht immer das Gebetswort aussprechen oder flüstern, wenn er es möchte.

Deshalb kann man schon nach einigen Wochen oder Monaten dazu übergehen, das Gebetswort ohne Zungen- und Lippenbewegung *innerlich* zu sagen. Man sollte das Wort dabei in der Mitte des Mundraumes „sammeln" und es locker und entspannt an dieser Stelle halten. Dabei ist darauf zu achten, daß nicht ctwa der Atem in den Mundraum gezogen wird. Der Mund ist normalerweise geschlossen, den Atem läßt man leise gehen, so wie er sowieso gehen will.

Bei der auf diese Weise vollzogenen Übung tritt zwanglos die Haltung der „Aufmerksamkeit" zum „Zugewandtsein" der ersten Stufe hinzu. Die erstere wird schon dadurch

---

[1] Vgl. Makarytschowa, N., 1962, S. 20.

aktiviert, daß wir das heilige Wort in der Mundhöhle bewußt wahrnehmen, es „schmecken", wie die Väter manchmal sagten.

Auch wenn wir entspannt bleiben, kann es doch zu leichten Überreizungen gewisser Zentren im Kopfraum kommen. Bei solchen Anzeichen kehren wir zum äußeren Sprechen der ersten Stufe zurück, oder wir gestatten uns eine längere Pause.

Und im übrigen gilt, daß man allmählich das Üben des Gebetswortes in der Weise der zweiten Stufe intensiviert.

So kann man beispielsweise das Fahren mit der Straßenbahn, das Warten beim Zahnarzt, die Pause bei schriftlichen Arbeiten zu Hause, das Autofahren mit einem oder mehreren Begleitern u. ä. zum Üben des Herzensgebetes nutzen.

Nach dem Gesagten ist deutlich geworden, daß die zweite Stufe des Herzensgebetes nicht meint, ausschließlich das dargestellte innere Sprechen zu vollziehen. Vielmehr wird man während dieser Phase immer wieder auf das Lippengebet der ersten Stufe zurückkommen.

Wegen dieser Praxis wäre es vielleicht angebrachter, von „Ebenen" statt von „Stufen" zu sprechen. Bei der Metapher der „Ebenen" ist es leichter, sich vorzustellen, daß diese einander durchdringen.

Dennoch wurde an dieser Stelle der traditionellen Bezeichnung „Stufe" der Vorzug gegeben. Damit ist stärker zum Ausdruck gebracht, daß die jeweiligen Phasen ein Vorwärtsschreiten im inneren Prozeß der Gebetsführung bedeuten.

5.1. Begleitende Maßnahmen, zweiter Teil

Auch für folgenden Abschnitt sei gesagt, daß „erfahrene" Christen ihn auslassen können. Aber wer sich vorsichtig und tastend mit dem Herzensgebet in eine neue Lebensform begibt, für den/die kommt der Zeitpunkt heran, an dem man sich um spirituelle Gemeinschaft bemühen sollte.

Gut wäre es, wenn sich in Ihrer Nähe eine Meditationsgruppe finden ließe, die das Herzensgebet in regelmäßigen Zusammenkünften übt. Es sollte schon das Herzensgebet sein, nicht eine andere Art des Meditierens.

In diesem Falle könnten Sie schon zu diesem Zeitpunkt die festen Übungszeiten im meditativen Sitzen durchführen.

Für den systematischen Aufbau des Herzensgebetes wäre es zwar konsequenter, erst auf der dritten Stufe zum Meditieren im Sitzen überzugehen, aber persönliche Erfordernisse setzen eine neue Priorität.

Und es ist wahrscheinlich, daß Sie jetzt von Antwort heischenden Fragen zum Herzensgebet, zur Glaubensproblematik bedrängt werden.

Vielleicht auch sind psychische Entwicklungen eingeleitet worden, die behutsamer Klärung und weiterer Beobachtung bedürfen.

Meditationsleiter/-innen stellen sich im allgemeinen für solche „Begleitgespräche" gern zur Verfügung. Ihre Gruppen sind überschaubar, und sie können sich deshalb für einzelne Gruppenmitglieder mehr Zeit nehmen, als dies Pfarrern/-innen möglich ist.

Außerdem ergeben sich Kontakte zu anderen Weggefährten, die nach einiger Zeit zu offenen Gesprächen führen können.

– Ganz gleich, welcher Konfession oder Glaubensgemeinschaft Sie angehören, Sie sollten es mit dem regelmäßigen Gottesdienst versuchen. Sie werden andere Sichtweisen zu diesem Jesus Christus hören, den Sie gerade anfangen kennenzulernen. Vergleichen Sie, nehmen Sie Stellung!

Es sei empfohlen, der Predigt, den formulierten Gebeten, den Liedtexten zuzuhören in der Haltung: Es kann eine Textstelle dabeisein, die für mich ganz persönlich gemeint ist, die für mich jetzt persönlich bedeutsam ist.

Und – nehmen Sie am Abendmahl, an der Eucharistiefeier teil! Nach der Teilhabe am Sakrament können innere Hindernisse aus dem Weg geräumt sein, die sonst die Beziehung zur göttlichen Gegenwart belastet hätten: bei der Glaubensentwicklung, beim Herzensgebet.

Außerdem, welche Aktivitäten gibt es in der Gemeinde? Unter Umständen bieten sich ein Gesprächskreis, eine Bibelstunde, eine Arbeitsgemeinschaft an. Vielleicht stellen sie Ansatzpunkte dar für spätere Aufgaben.

Überdies: Indem Sie weiter am Herzensgebet und den begleitenden Maßnahmen festhalten, wachsen Sie ganz allmählich in die christliche Lebensform hinein.

6. Die dritte Stufe des Herzensgebetes

Bei dieser Phase geht es darum, das Gebetswort des Übenden ins „Herz" zu bringen. Offensichtlich ist dies ein wichtiges Geschehen, denn „Herz" ist zum Schlüsselwort für das gesamte hier dargestellte Gebetsvorhaben geworden.

Bei den hesychastischen Vätern ist mit „Herz" entweder das physische Organ bzw. der körperliche Raum in der Mitte der Brust gemeint, oder „Herz" bezieht sich auf ein unkörperliches seelisch-vitales Zentrum. So heißt es zum Beispiel in der Centurie: „Wenn du durch deine Lebensführung den Schmutz, der sich in deinem Herzen bildete, entfernt hast, wird dir die göttliche Schönheit aufleuchten, … Dasselbe trifft mit dem inneren Menschen zu, den der Herr das Herz nennt; …" (Gregor v. Nyssa)[1]

Bei den jüngeren Meistern wird es noch eindeutiger, daß „Herz" die Mitte der Gesamtperson meint.

So sagt schon Theophan der Klausner: „Wo ist das Herz? Da, wo ihr Traurigkeit, Freude, Zorn und die anderen Emotionen fühlt. … Das physische Herz ist ein Muskel von Fleisch. Aber nicht das Fleisch ist es, das fühlt, was fühlt, ist die Seele."[2]

W. Massa formuliert folgendermaßen: „Der Ort der Begegnung mit dem Ewigen wird in der Tradition unter dem Symbol des Herzens genannt. Das Herz ist der Ort der Begegnung."[3]

---

[1] Rosenberg, A., (Hrsgb.), neu 1983, S. 104/105.
[2] Starez Theophan, neu 1989, S. 123.
[3] Massa, W., S. 17, in Massa, W., (Hrsgb.), 1982.

Fr.-X. Jans-Scheidegger betont: „Immer geht es darum, in die Ureinheit des göttlichen Geheimnisses heimzufinden ... Dieses Erlebnis findet im Herzen statt. Herz wird hier als die eigentliche Person-Mitte des Menschen verstanden."[4]

Wenn man sich der dritten Stufe des Herzensgebetes nähert und man sein Gebetswort in diese „Personmitte", in das „Herz", hineingeben möchte, könnten etwa eineinhalb Jahre des Übens mit dem Herzensgebet vergangen sein.

Es kommt vor, daß ein(e) Übende(r) zu Beginn dieser Phase mit Sicherheit erspürt, welcher Bereich seines/ihres physischen Leibes diese Personmitte birgt, die ja nicht gleichzusetzen ist mit der Mitte des physischen Körpers.

Aber in vielen Fällen wird das Finden dieses inneren Zentrums schwierig sein. Manchmal bringt immer erneutes Hineinspüren und probeweises Sammeln des Kraftfeldes in den verschiedenen Bereichen Erfolg.

Wenn sich dieser nicht einstellt, sollte man sich nicht scheuen, eine(n) Erfahrene(n) um Rat zu fragen.

Läßt sich dies nicht verwirklichen, empfiehlt der Verfasser folgendes Vorgehen: Man sitzt entweder aufrecht oder befindet sich halb im Liegen – in entspannter Haltung. Die rechte (oder linke) locker geballte Faust wird so auf den Bauchnabel gelegt, daß der Daumen oberhalb des Nabels auf der Bauchdecke aufliegt; die anderen vier Finger decken den Nabel selbst und den Bereich darunter ab. Durch die unteren vier Finger ist der obere Teil des Bauch-

---

[4] Jans-Scheidegger, Fr.-X., S. 56, in Raab, P., (Hrsgb.), 1995.

Beckenraumes gekennzeichnet, und zwar so, daß eine starre Zentrierung vermieden wird.

Diesen Abschnitt des Bauch-Beckenraumes sollten wir so lange als unsere Personmitte ansehen, wie sich kein anderer Bezirk als solche zu erkennen gibt. Er stimmt ungefähr überein mit dem Bereich, der bei Dürckheim als „Hara" bezeichnet wird.

Beim Üben mit der dritten Stufe des Herzensgebetes sprechen wir unser heiliges Wort innerlich in diese Personmitte langsam und aufmerksam hinein. Dabei lassen wir diese Region von unserem Kraftfeld durchströmen. Dieser obere Bereich des Bauch-Beckenraumes soll sich im Kommen und Gehen des Atems füllen und wieder entleeren. Bei dem gesamten Geschehen bleiben wir in der inneren Haltung des Zugewandtseins zur göttlichen Gegenwart.

Wer mit der dritten Stufe des Herzensgebetes übt, dessen Aufmerksamkeit ist voll gefordert. Läßt sich diese Konzentration aus äußeren oder inneren Gründen nicht mehr aufrechterhalten, sollte man zum Herzensgebet der zweiten oder ersten Stufe zurückfinden. Wer die dritte Stufe dieses Gebetsgeschehens erreicht hat, wird immer wieder – zeitweilig – in der Weise der früheren Phasen üben.

Das oben charakterisierte Umgehen mit dem Herzensgebet der dritten Stufe gilt sowohl für das freie Üben als auch für die zweimal täglich vorgesehenen festen Übungszeiten.

Wer sich allmählich in die neue Übungsweise einlebt und spürt, daß es für ihn/sie der gemäße Weg ist, der möge ihn, von der göttlichen Gegenwart begleitet, weitergehen.

Aber es ist an dieser Stelle eine grundsätzliche Änderung möglich: Der/die Übende kann überlegen, ob er/sie die täglichen festen Übungszeiten von nun an in der Form der „Herzensmeditation" durchführen will. Diese Entscheidung kann eine weitere Vertiefung des Übungsweges bedeuten.

Bei der Herzensmeditation werden Körperhaltung und innere Bereitschaft noch stärker durchformt: Das Sich-Öffnen zur göttlichen Gegenwart hin wird intensiviert.

6.1. Begleitende Maßnahmen, dritter Teil

Nachdem Sie das Neue Testament in Grundzügen kennengelernt haben, sollte nun auch das Alte Testament folgen.

Wir fangen mit dem Ersten Buch Mose mit dem ersten Kapitel an und beschränken uns bei unseren regelmäßigen Lesezeiten auf einen Abschnitt, der sich uns als eine inhaltliche Einheit darstellt. Eine solche kann auch ein ganzes Kapitel umfassen.

Bei der Fülle des Stoffes wäre es nützlich, sich an einen Bibelleseplan zu halten. Solche Pläne sind von den Konfessionen, aber auch von den Religionsgemeinschaften herausgebracht worden. In ihnen finden sich die Kernstellen des Alten Testamentes, auf die wir uns beschränken wollen – wenigstens bei einem ersten Durchgang.

Hat man keinen solchen Leseplan, muß man sich an größere Textabschnitte heranwagen, diese aber konsequent sichten. Zwei Auswahlkriterien seien genannt: 1. Bieten die Textabschnitte Grundinformationen über das Handeln Gottes an einzelnen bzw. den Menschen, an seinem Volk, über den kommenden Retter? 2. Helfen die Textstellen mir in meiner persönlichen, existentiellen Situation weiter?

Ein Vorschlag für eine grobe Textauswahl sei mit Folgendem gemacht: Die ersten Kapitel des Ersten Buches Mose bis zum Turmbau zu Babel; die Erzählungen um Abraham, Isaak, Jakob und Joseph; die Mosezeit, besonders der Auszug aus Ägypten und die Wüstenwanderung; die Zeit der ersten Könige in Israel bis zu Salomo; die Propheten Jesaja, Amos und Jona; einige von Ihnen auszuwählende Psalmen.

Natürlich kann man solche Texte unter den verschiedensten Leitlinien lesen und deuten. Der Verfasser empfiehlt, mit ihnen besonders unter dem Gesichtspunkt umzugehen, die Art der Beziehung Gott – Mensch bzw. Mensch – Gott herauszuheben.

Ein unangemessener Umgang mit diesen Texten wäre es, sie im Lichte heutiger wissenschaftlicher Erkenntnisse zu zensieren. Eine solche Sichtweise bleibt notgedrungen an der Außenseite der berichteten Geschehnisse stecken, wobei es noch die Frage ist, ob nicht ein verengender Wissenschaftsbegriff zugrunde liegt, der bestimmte Aspekte der bezeugten Wirklichkeit nicht zu erfassen vermag.

Auch die historische Richtigkeit ist nicht von vordringlicher Bedeutung. Statt dessen besitzt die Identifikationsmöglichkeit mit der Situation des Lesers/der Leserin einen hohen Stellenwert.

Eine Besonderheit eines großen Teiles der zusammengestellten Textabschnitte ist eben, daß die in ihnen handelnden Personen solcher Identifikation Raum geben. In ihren zwischenmenschlichen Schicksalen und in ihren Erfahrungen, die sie mit dem helfenden, verheißenden, strafenden, Zusagen verwirklichenden, rettenden Gott machen, finden sich Grundmuster, die auch für uns Heutige gelten können.

Es kann hilfreich sein, sich klarzumachen, daß auch Abraham und Jakob Versagenssituationen durchgemacht haben.

Es mag tröstlich sein, daß auch das Volk Israel immer wieder versucht, dem unbedingten Anspruch seines Gottes auszuweichen, daß dieser ihm dennoch unbeirrt die Treue hält; daß die Beter der Psalmen durch Angst und Not hindurchgetragen werden und dann überschwenglich ihren Gott loben können.

Es scheint so, als ob viele Glaubende des Alten Testamentes eine Gottesunmittelbarkeit besaßen, zu der wir Menschen der Gegenwart durch Jesus Christus, vielleicht im Herzensgebet, erst wieder hinfinden müssen.

In diesen ehrwürdigen Abschnitten des Alten Testamentes, die manchmal jahrzehntelang, manchmal jahrhundertelang bloß mündlich überliefert und dabei auch verfremdet wurden, ehe sie schriftlich fixiert wurden, ist dennoch eine göttliche Spur enthalten.

Halten Sie sich beim Lesen für letztere offen! Es mag sein, daß das Umgehen mit diesen alten Texten Sie auf dieser Spur in die Nähe der göttlichen Gegenwart führt.

7. Herzensmeditation

Es war gesagt worden, daß für die Übenden des Herzensgebetes der dritten Stufe die festen Übungszeiten in der Weise der Herzensmeditation durchgeführt werden können, also im meditativen Sitzen.

Damit ist schon Entscheidendes zur begrifflichen Abgrenzung gesagt: „Herzensmeditation" bezeichnet in diesem Text die auf innere Versenkung abzielende Weise des Sitzens bei der dritten Stufe des Herzensgebetes. Dabei sind an die Körperhaltung einige Bedingungen geknüpft, die im folgenden Abschnitt eingehend beschrieben sind.

Diese Begriffsbestimmung unterscheidet sich wesentlich von der „Herzensmeditation", wie sie S. Scharf in seinen beiden Büchern (siehe Literaturverzeichnis!) verwendet. Scharf stellt eine „Synthese christlicher Gebetspraxis und östlicher Meditationsweisen" unter dem Terminus „Herzensmeditation" vor, wobei mit „östlich" „fernöstlich" gemeint ist.

Demgegenüber versucht der vorliegende Text möglichst konsequent, allein die hesychastische Weise des Sitzens in die Gegenwart zu übertragen. Lediglich bei der empfohlenen Sitzhaltung weichen wir von der überlieferten Anweisung der Väter ab.

7.1. Die Körperhaltung bei der Herzensmeditation

Zweimal täglich, jedesmal ca. 25 Min. lang, sollte man das Herzensgebet in der Weise der Herzensmeditation durchführen, falls man sich für diesen Übungsweg entscheidet. Nach wie vor sind für diese „festen" Übungsabschnitte die Zeiten vor dem Frühstück und vor dem Abendbrot am besten geeignet.

Man setzt sich in ein ruhiges Zimmer; besonders günstig ist es, wenn man mit dem Ehepartner oder mit einem anderen Familienmitglied zusammen „sitzen" kann, da beide einander in der Meditationswirkung fördern.

Beim meditativen Sitzen sollte man mit dem Boden gut „verwurzelt" sein; man wird also die Unterstützungsfläche des Körpers möglichst groß machen.

Je tiefer man den Körperschwerpunkt wählt, desto besser ist es für den planbaren Anteil des Meditierens, der allerdings der zweitwichtigste ist.

Praktisch bedeutet dies, daß man auf einem Kissen im halben Lotussitz, im Hanka oder im Burmesischen Sitz „sitzt", falls die körperlichen Möglichkeiten dies zulassen. Das Kissen sollte fest gestopft sein (Kapok). Beim halben Lotussitz liegt ein Fuß auf dem anderen Oberschenkel; beim Hanka befindet sich der eine Fuß auf dem anderen Unterschenkel; beim Burmesischen Sitz lagern beide Füße vor den Oberschenkeln am Boden.

Weniger belastend für die Knie ist das Sitzen auf einem ca. 16–25 cm hohen Bänkchen, unter welchem die Unterschenkel parallel hindurchgeführt werden. Gut bewährt haben sich Bänkchen, deren aufliegende Kanten bogenförmig-rund sind. Bei ihnen kann der Neigungsgrad des Sitzbrettes gemäß den jeweiligen Anforderungen verändert werden.

Ältere oder behinderte Personen können einen Hocker oder einen Stuhl nehmen. Dabei sollte man sich mehr auf den vorderen Teil der Sitzfläche setzen und sich nicht anlehnen.

Im Gegensatz zu allen angeführten Sitzhaltungen, die jeweils eine aufgerichtete Wirbelsäule vorsehen, wird bei den hesychastischen Vätern gern die Anweisung Simeons des Neuen Theologen zitiert: „Senke dein Kinn gegen die Brust, ... während du deine leiblichen Augen darauf richtest ..."[1]

Einer solchen Empfehlung, die zum Abknicken der Halswirbelsäule führen würde, sollte heute nicht mehr gefolgt werden. Der innere Kraftfluß würde behindert. Vielleicht war dies in früheren Jahrhunderten eine unerhebliche Nebenwirkung. So sagt auch Starez Seraphim: „Das galt für die Kraftprotze von damals. ... Aber du hast vor allem mehr Energie nötig. Daher richte dich bei der Meditation auf."[2]

Die Aufrichtung der Wirbelsäule soll so geschehen, daß die Tonsurstelle des Kopfes tatsächlich die höchste Erhebung während des Sitzens darstellt. Manchmal ist es hilfreich, sich vorzustellen, daß an der Tonsurstelle ein Faden befestigt ist, durch welchen der Kopf leicht nach oben gezogen und die Halswirbelsäule gestreckt wird. Die Schultern werden einige Zentimeter nach hinten genommen, oder sie bleiben mit dem gesamten Schultergürtel locker entspannt.

---

[1] Rosenberg, A., (Hrsgb.), neu 1983, S. 19.
[2] Leloup, J.-Y., 1989, S. 3/4

Für alle Sitzformen gilt, daß die Knie einige Zentimeter tiefer liegen sollten als das Becken.

Die Augen sind geschlossen oder halb geöffnet.

7.2. Zum Atemgeschehen

Es wird durch die Nase ein- und ausgeatmet. Dazu ist es notwendig, daß die Nasengänge offen und frei sind. Bei manchen Formen der Nasenscheidewandverkrümmung kann es unumgänglich sein, sich einer Operation zu unterziehen. Das ist sicher das kleinere Übel, als unter Umständen jahrelang beim „Sitzen" eine Körperhälfte zu vernachlässigen.

Grundsätzlich gilt, daß der Atem nicht „gemacht" wird. Er soll so kommen und gehen, wie er sowieso kommt und geht.

Nach einiger Zeit des unverkrampften, gelassenen Meditierens wird es von selbst zur Bauchatmung kommen, d. h. der Unterbauch wird sich im Atemrhythmus wölben und wieder abflachen. Diese Entwicklung ist positiv zu sehen.

Das entscheidende Kennzeichen des meditativen Atmens ist das Entstehen eines Kraftfeldes, das den Atem umhüllt und in seinem Rhythmus schwingt.

Dieses Kraftfeld hat eine heilsame Wirkung auf die Bereiche der Person, die es durchströmt. Es ist das Geschenk, das der/die Meditierende für seine/ihre Übungsbereitschaft erhält.

7.3. Zum Vorgang des Meditierens

Wir setzen uns hin, so daß die Sitzknochen auf der Unterlage erspürt werden; wir vergewissern uns, daß sich die Tonsurstelle über der Wirbelsäule befindet, wir also aufgerichtet sitzen. Die Haltung ist gelöst, weder verkrampft noch völlig entspannt. Während der Übung bleiben wir unbewegt.

Die Hände bilden eine kleine Schale, wobei sich (meistens) die linke Hand über die rechte schiebt, bis sich die beiden Daumenkuppen berühren. Diese „Schale" legen wir 2 – 3 cm unterhalb des Bauchnabels an die Bauchdecke an, damit auf die (häufig) im Innern gelegene Personmitte weisend.

Mit dem Kommenlassen des Atems sollte man sich den ersten Abschnitt seines Gebetswortes vorstellen, z. B. „Jesus". Dabei bleiben wir ruhig und gelassen. Wir spüren, wann der Atem seine Richtung wechselt, und lassen ihn sanft ausströmen, „Christus" innerlich formulierend. Wir warten den Grad des Leerwerdens ab, der sich ergibt, und mit dem selbständigen Kommen des nächsten Atemzuges stellen wir uns vor „erbarm". Wir lassen – ohne Willensimpuls – die Atemluft wieder ausströmen und „sprechen" dabei im Innern „dich uns(er)".

Bevor wir auf die zugehörigen psychischen Vorgänge eingehen, sollten wir uns vor Augen halten, in welcher Weise die hesychastischen Väter den inneren Verlauf beim auf Versenkung abzielenden Sitzen kennzeichnen. Solche jahrhundertelang erprobte und bewährte Anleitung sollte wegweisend sein – auch für uns Heutige.

Gregorius vom Sinai rät folgendes: „Setze dich an einem stillen, einsamen, halbdunklen Ort auf einen niederen Sitz; sammle deinen Verstand, führe ihn aus dem Kopf ins Herz hinab und halte ihn dort; … sprich oft und geduldig mit Aufmerksamkeit und Herzensempfinden: ‚Jesus Christus, Sohn Gottes, erbarme dich meiner'.‟[3]

Nikiphor der Asket charakterisiert ganz ähnlich: „Dann tritt in deine Behausung, setze dich, sammle deinen Verstand und nötige ihn, mit dem Atem ins Herz zu dringen. … Folge mit dem Verstand dem Atem ins Herz. Gewöhne deinen Verstand, dort zu verweilen. … denn im Innern ist das Reich Gottes; sobald er dieses in reinem Gebet betrachtet, sucht er nichts Äußeres mehr.‟[4]

Theophan der Klausner betont immer wieder die Wichtigkeit des Gottgedenkens: „Bewußt und mit Aufmerksamkeit im Herzen wiederhole unaufhörlich: ‚Herr Jesus Christus, Sohn Gottes, erbarme dich über mich Sünder!' … Wichtig ist, die Aufmerksamkeit im Herzen festzuhalten; um das zu erreichen, kann man ein wenig den Atem im Rhythmus der Worte führen; aber das Wichtigste ist dabei der Glaube, daß Gott nahe ist und dich hört.‟[5]

Bei der Bezeichnung „Atem" von Nikiphor sollten wir Heutigen uns das mit dem Atem verbundene Kraftfeld vorstellen. Bei „Verstand" ist nach gegenwärtigem Sprachgebrauch mehr an die mit ihm verbundenen Bewußtseinskräfte zu denken, die durch die „Aufmerksamkeit" geleitet werden. Das macht auch die Formulierung Theophans deut-

---

[3] Selawry, A., (Hrsgb.), 1986, S. 101.
[4] Selawry, A., (Hrsgb.), 1986, S. 102/103.
[5] Starez Theophan, neu 1989, S. 56.

lich, desjenigen der drei angeführten Zeugen, der unserer Zeit am nächsten steht.

Wenn wir „Herz" als Personmitte auffassen, dann bleiben wir in der hesychastischen Tradition, vermeiden aber eine Fixierung auf das physische Herz.

Die angeführten Zeugen betonen, wenn auch in unterschiedlicher Weise, die Wichtigkeit des Gottgedenkens. Wir versuchen diese Einstellung durch die Formulierung „Zugewandtsein zur göttlichen Gegenwart" zu erfassen.

Jetzt haben wir das Rüstzeug, um den zu Beginn dieses Abschnittes in Umrissen vorgestellten Meditationsvorgang transparenter werden zu lassen:

Nachdem einige Atemgänge mit dem durch unser Gebetswort strukturierten Atem geschehen sind, hat sich wahrscheinlich ein stärkeres oder schwächeres Kraftfeld aufgebaut, das sich im Atemrhythmus bewegt.

Wir sammeln unsere Aufmerksamkeit auf unser Gebetswort hin, wobei wir besonders die Bedeutung der Gebetsformel in der Vorstellung halten.

Wir geben unser von Aufmerksamkeit „umschlossenes" Gebetswort sanft in den Bereich unseres Kraftfeldes, mit diesem Feld die Personmitte weiträumig umhüllend (vgl. „Die dritte Stufe des Herzensgebetes").

In der Folge füllen und leeren wir diesen Raum im Rhythmus unseres Atems, dabei Kraftfeld und Gebetswort zu einer Einheit werden lassend. Die Aufmerksamkeit bleibt auf den Inhalt des Gebetswortes gerichtet.

Das dargestellte Geschehen sollte durchformt sein von der psychischen Einstellung des Zugewandtseins zur göttlichen Gegenwart. Indem wir gleichzeitig unser Gebetswort durch unsere Aufmerksamkeit „verlebendigen", öffnen wir uns der angesprochenen Christuswirklichkeit.

In diese Einheit von lebendigem Atem und vom Gebetswort durchformtem Kraftfeld kann der göttliche Geist einwirken – und ER tut es nach SEINEM Willen.

Es ist weiter oben gesagt worden, daß in vielen Fällen der obere Teil des Bauch-Beckenraumes als Personmitte, d. h. als „Herz" anzusehen ist. Doch muß dies nicht so bleiben. Es ist möglich, daß im Verlaufe des weiteren Meditierens ein anderer Bereich unserer leib-seelisch-geistigen Ganzheit als Personmitte freigegeben wird. Vielleicht weist das neue Zentrum nach oben, auf den Bereich des physischen Herzens hin. Dann sollte das meditative Geschehen folgen.

Aber es sei davor gewarnt, diesen Bezirk zu früh zu aktivieren. Das Umfeld des physischen Herzens ist für uns Heutige ein sensibler Bereich geworden.

Es kommt auch vor, daß die neue „Mitte" außerhalb des physischen Körpers einen anderen Platz findet, möglicherweise wenige Zentimeter über dem oberen Bauch-Beckenraum. Auch ein flukturierendes Wandern dieses Zentralbereiches ist gelegentlich zu beobachten, wobei der „Ort" der Personmitte Tag für Tag variieren kann. Mit dem Kraftfeld, das durch unser hl. Wort und durch den Atemrhythmus persönliche Prägung erhält, ziehen wir nach.

Wir sind vom Primat des Atems ausgegangen.

Erst, wenn im Verlaufe langzeitigen Übens der Herzschlag unmittelbar im ganzen Körper oder in Teilbereichen erspürt wird, kann man vorsichtig den Atemrhythmus mit dem Herzschlag synchronisieren. In dieser Phase ist dies nicht schwierig. Die Angleichung der beiden Rhythmen geschieht weitgehend von selbst.

Dann, wenn sie sich ohne äußere Maßnahmen ergibt, ist sie ein weiterer, stimmiger Schritt auf dem Wege des Herzensgebetes.

8. Ablenkende Einflüsse bei Herzensgebet und Herzensmeditation

Beim Herzensgebet der dritten Stufe, bei der Herzensmeditation bemühen wir uns, unser Gebetswort voller Aufmerksamkeit in die Personmitte zu führen.

Der Aufmerksamkeit kommt dabei die Aufgabe zu, die Bewußtseinskräfte zu sammeln, sie auf den Inhalt unseres Gebetswortes zu konzentrieren.

Jeder Übende weiß, wie schwer es ist, sie in jenem Zustand zu halten. Wie oft läßt die Aufmerksamkeit schon nach wenigen Sekunden nach, neue Impulse sind auf einmal da und lassen Gedanken hin- und herspringen wie „einen Mückenschwarm" (Theophan).

In solcher Situation ist die Haltung der „Wachsamkeit" gefordert. Man kann sie als Dauerbereitschaft bezeichnen, die Abschweifungen, hier gedanklicher Art, zu erkennen, sie bewußtzumachen – und sie, als nicht zur Aufgabe gehörig, zu verlassen. Solche Wachsamkeit sollte beim Üben ständig bereitgehalten werden. Wir können uns nur schwer gegen eindringende Gedanken abschirmen, aber wir können dagegen ankämpfen, uns in sie zu verlieren.

Ganz gleich, ob es oberflächliche oder schwerwiegende Gedanken sind, eine Problemlösung anbietende oder herabziehende, wir schauen sie uns an, dabei in der Haltung der inneren Gelöstheit verbleibend. Danach wenden wir uns gleichmütig von ihnen ab. Diese Gedanken sollen weiterziehen, wohin sie wollen.

Manchmal ziehen ablenkende Gedanken nicht weiter, sondern kommen in geradezu peinigender Weise immer wieder. Sie stechen mit ihrem üblen, manchmal abscheulichen Inhalt ständig in unser Bewußtsein hinein.

In früheren Zeiten schrieb man solche Gedankenfixierungen dem „Feind", dem bösen Widersacher, zu. Das hatte den Vorteil, daß man den Kampf gegen solche Pein mit großer Entschiedenheit führen konnte. Möglicherweise hatten die Väter mit solcher Einschätzung in manchen Fällen recht. Das soll an dieser Stelle nicht ausdiskutiert werden.

Wir stellen jetzt nur fest, daß solche starren Gedankengebilde Ausformungen von Gegenkräften sind, die uns vom Gebet abhalten.

Da unsere psychischen Bemühungen in dieser Situation nicht fruchten, geben wir die peinigenden Störungen der Christuswirklichkeit anheim, auf daß sie weggenommen oder zum Guten hin gewandelt werden: „... erbarm(e) dich mein(er)!" bedeutet dann in der augenblicklichen Drangsal: „... erbarme dich der Hirngespinste, die mein Gebet zerstören wollen!". Dabei bleiben wir möglichst unverkrampft – und halten die Übungszeit aus.

Wenn wir meditieren, haben wir die Tore zu den unbewußten Bereichen unserer Psyche geöffnet. Das Ziel ist ja, durch die stetige Wiederholung immer tiefere seelische Schichten zu erreichen, gar zu transpersonalen „Räumen" hinzufinden.

Das hat aber gleichzeitig zur Folge, daß die „Bahn" in umgekehrter Bewegungsrichtung ebenfalls geöffnet ist. Der Meditierende erfährt es dadurch, daß Bilder bzw. bildhafte

Vorstellungen, aus dem Unbewußten kommend, ins Bewußtsein steigen und dort Raum und Interesse beanspruchen. Einzelbilder, Situationen mit mehreren Personen, ganze Bildfolgen, Heilige, Unheilige, dämonische Fratzen können dabei auftauchen.

Sie alle bergen ein Ablenkungspotential, dem wir nicht nachgeben sollten. Wir bleiben in der Schwingung unseres heiligen Wortes, auch dann, wenn solche bildhaften Personen uns ansprechen sollten.

Dann sind wir auch ganz auf der Spur der Väter: Willst du „… allein sein mit dem einzigen Gott, sollst du nichts annehmen, was mit den Sinnen oder im Geiste schaubar wäre, weder in dir noch außer dir; sogar wenn es das dem Geist erscheinende Bild Christi wäre oder die Engel oder Heilige oder eine Lichtgestalt. Bleibe solchen Dingen gegenüber vielmehr kritisch …, bevor du nicht jene gefragt hast, die darin Erfahrung haben."[1]

In diesen Ausführungen von Kallistus und Ignatius klingt außer der Ablehnung der bildhaften Erscheinungen noch die Sorge an, daß solche heiligen Personen nur vorgespiegelt, in Wirklichkeit aber dämonischen Ursprungs sein könnten.

Kritisch und zurückhaltend zu sein, das ist geboten. Sowohl dunkle Mächte als auch göttliche Kräfte können sich solcher Bilder bedienen. Aber es ist auch möglich, daß es sich lediglich um das Heraufsteigen von visuellen Residuen handelt – ohne tiefere Bedeutung.

---

1 Rosenberg, A., (Hrsgb.), neu 1983, S. 99.

Falls sich unter den Bildern solche befinden, die in rötliches Licht getaucht scheinen, sollten wir besonders sensibel reagieren.[2] Dann ist die Wahrscheinlichkeit groß, daß die dunkle Gegenmacht unser Denken oder unser Handeln in eine ihr genehme Richtung lenken will. Und dann ist der oben angeführte Rat der „Centurie", einen „Erfahrenen", vielleicht eine(n) Lehrer(in) des Herzensgebetes, um Beistand anzugehen, besonders aktuell.

Einen weiteren Bereich sollte unsere Wachsamkeit kontrollieren. Gemeint sind Emotionen, Gefühlsschübe, die mit unterschiedlicher Intensität unsere psychische Gestimmtheit prägen können. Ärger, Frustrationen und andere egobestimmte Gefühle, aber auch Zorn, Trauer, Angst können uns berühren, überfluten und uns hindern, uns der göttlichen Gegenwart zu öffnen.

Sobald die Wachsamkeit solche Regungen bewußtgemacht hat, sollte die Aufmerksamkeit eingeschaltet werden: Jetzt ist nicht die Zeit, uns durch solche emotionalen Einflüsse bestimmen zu lassen. Vielleicht hilft ein innerer Appell, falls es sich lediglich um eine oberflächliche Gefühlsregung handelt.

Aber bei tiefergehenden Berührungen sollte die Wachsamkeit unmittelbar das Zugewandtsein zur göttlichen Gegenwart verstärken. Besonders dann, wenn der Gefühlsschub unser Herz affiziert hat, geben wir ihn gleich – im Gebetswort – der göttlichen Gegenwart anheim: „Jesus Christus, erbarm(e) dich mein(er)!"

---

2 Vgl. Brjantschaninow, S. 157, in Selawry, A., (Hrsgb.), 1986.

In vielen Fällen wird sich nach einiger Zeit die behindernde Emotion auflösen oder wandeln.

Bei der Praxis des Meditierens werden sich die psychischen Einstellungen, die mit „Aufmerksamkeit", „Wachsamkeit" und „Zugewandtsein" gemeint sind, nicht präzise voneinander scheiden lassen. Vielmehr überlappen die psychischen Entsprechungen dieser Begriffe einander.

So wird die Wachsamkeit gleichzeitig mit dem Erkennen von störenden Abläufen die Aufmerksamkeit auf das Gebetswort konzentrieren. Die Aufmerksamkeit wird ablenkende Inhalte registrieren und die Wachsamkeit auf den Plan rufen, damit diese Ablenkendes neutralisiere. Indem die Aufmerksamkeit den Inhalt des Gebetswortes aufnimmt, wird schon durch diesen Vorgang das Zugewandtsein zur göttlichen Gegenwart eingeleitet.

So schaffen die drei angeführten Haltungen gemeinsam die Voraussetzungen dafür, daß mit ihrem Zusammenspiel das Herzensgebet oder die Herzensmeditation – von der Seite des/der Übenden her – fruchtbar werden kann.

9. Zu spirituellen Einbrüchen der Gegenmacht

Pauschal formuliert, sind wir Menschen der Moderne Kinder der Aufklärung geworden. Die empirischen bzw. empirisch gewordenen Wissenschaften haben es uns so lange eingeredet, daß viele es jetzt unhinterfragt glauben: Äußeres und psychisches Geschehen sind grundsätzlich rational auflösbar, überprüfbar und von daher organisierbar.

Aber gerade in unserer Zeit melden sich verstärkt die Gegenstimmen zu Wort: Die Physiker haben über die Quantentheorie die Einsicht gewonnen, daß – grundsätzlich – für die atomaren Bausteine unserer Wirklichkeit nicht unbedingt geltende Gesetze, sondern wahrscheinliche Tendenzen die bestimmenden „Einflüsse" sind.

Die „westlichen Verhaltenswissenschaften" müssen sich in zunehmendem Maße den „Bewußtseinsdisziplinen" anderer Kulturen stellen, die ein umfassenderes Erklärungspotential besitzen, so daß sie transpersonale mystische Erlebnisweisen erfassen und psychische Krisensituationen sachgerechter analysieren können.[1]

Was vorausschauende Wissenschaftler schon früher erkannten, wird in der Gegenwart allmählich offensichtlicher: Der Mensch reicht mit seinen Tiefenschichten in transpersonale „Räume" hinein. Wir fügen hinzu: Von dort her gewinnen persönliche „göttliche" oder „dämonische" Erfahrungen ihre charakteristischen Qualitäten.

---

[1] Vgl. Walsh, R. N. u. a., S. 44–49, in Capra, Fr. u. a., 1985.

So wußte der bedeutende amerikanische Psychologe W. James schon vor rund einhundert Jahren: „… unser normales waches Bewußtsein, das rationale Bewußtsein, wie wir es nennen, (ist) nur ein besonderer Typ von Bewußtsein …, während überall jenseits seiner, von ihm durch den dünnsten Schirm getrennt, mögliche Bewußtseinsformen liegen, die ganz andersartig sind."[2]

Goldbrunner formulierte einige Jahrzehnte später noch weitergehender: „Die menschliche Psyche ist ein Geistwesen, das seiner Natur nach über den psychischen Raum hinausweist und hineinragt in die metaphysische Welt."[3]

W. Jäger sagt in unseren Tagen, in Abwendlung eines Wortes von K. Rahner: „Heute steht der Mensch offensichtlich vor einer erneuten Öffnung seines Bewußtseins, einer Öffnung ins Transpersonale, ins Mystische. Nicht nur der Christ, DER MENSCH der Zukunft wird ein Mystiker sein, oder er wird nicht mehr sein, …"[4]

Solche Äußerungen machen es möglicherweise eher nachvollziehbar, was für die hesychastischen Väter mit Selbstverständlichkeit galt: Göttliche Wirklichkeit, die sich in Christus personalisiert und dunkle Gegenmacht, die sich zum „Feind" verdichtet, wirken in uns, suchen uns zu fördern oder zu schädigen. Gerade dann, wenn unsere Herzensmeditation tiefere Seelenbereiche durchwirkt, können die erwähnten transpersonalen Erfahrungen ans Licht des Bewußtseins treten:

---

[2] Walsh, R. N. u. a., S. 42, a.a.O.
[3] zit. in Lersch, Ph., 1952, S. 568.
[4] Jäger, W., S. 33, Transpers. Psych. u. Psychotherap., 1995, I.

„Sobald die Kraft des Herzens mit dem Namen des Herrn vereinigt ist und in ihm die Göttliche Kraft oder genauer den Herrn Selbst verspürt hat, wird im menschlichen Herzen der Baum des Lebens eingepflanzt, von dem Adam verjagt wurde ...".[5]

Zugleich ist die Gegenmacht nicht untätig: „Der Versucher stützt sich auf diesen Zustand der Selbstverblendung, sucht uns zu belügen, bringt unsere Leidenschaften in Wallung, schürt Ehrgeiz und Genußsucht und versucht, uns zu deren Befriedigung zu bewegen.

... Vor allem bedroht die Verblendung jeden, der sich um Tugenden und die höchste unter ihnen – um das Gebet bemüht. Denn hier wendet der Versucher jede List an, um den Strebenden in seinem Fangnetz zu halten." (Walaam-Werk)[6]

Das eben Gesagte wird wichtig für manche(n), der/die vielleicht schon jahrelang mit Herzensgebet und Herzensmeditation lebt und auf einmal Einbrüche dunkler Kräfte erfährt. Es ist auch heute legitim, in solch kritischen Situationen das überlieferte Wissen der hesychastischen Väter heranzuziehen, um dem Verständnis solcher Vorgänge ein Stück näherzukommen.

Es ist wichtig, bei solchen Einbrüchen nicht in Panik zu geraten. Die Väter wußten bei Attacken aus dem dämonischen Bereich, daß die göttliche Macht die ungleich stärkere ist. Die zerstörerische, dunkle Kraft hat zwar einen eigenen Wirkungsraum, doch sind seine Begrenzungen von der göttlichen Allmacht festgelegt. Innerhalb dieses Rahmens

---

[5] Ilarion, Sch., neu 1991, S. 122.
[6] Selawry, A., (Hrsgb.), 1986, S. 149.

kann die dunkle Kraft eigene Ziele verfolgen, aber gleichzeitig trägt sie dazu bei, daß die Fernziele der göttlichen Macht verwirklicht werden: Ich bin ein „Teil von jener Kraft, die stets das Böse will und stets das Gute schafft", stellt sich Mephisto im „Faust" vor.

Wie können nun solche Einbrüche aussehen?

Einige Beispiele seien angeführt, denen entweder eigenes Erleben oder Berichte von Mitmeditierenden zugrunde liegen. Ergänzungen aus der Literatur seien angefügt.

Natürlich ist die Palette des Möglichen ungleich größer. Für die grundsätzlichen Folgerungen mögen die Beispiele genügen.

Bei leichteren Attacken durch die Gegenmacht kann es zu besonderen Kopfschmerzen kommen, die eine quälendüble Charakteristik haben. An bestimmten Zentren wirken sie besonders stark. Was das An-sich-Sein solcher Zustände ist, kann vom Verfasser nicht ausgesagt werden. Aber er kann verstehen, wenn Betroffene vermuten, dämonische Wesenheiten könnten unmittelbar verantwortlich sein. Möglicherweise handelt es sich ja um bloße Nervenreizungen, wie bestimmte Richtungen der neueren „Philosophie des Geistes" vermuten würden. Aber an den auftretenden Phänomenen für die Betroffenen ändert sich durch solche Einstufung nichts. Außerdem bliebe immer noch die Frage offen, wer oder was für solche Nervenreizungen ursächlich verantwortlich sei.

Manchmal muß das Herzensgebet stundenlang in die Personmitte hineingesprochen werden, ehe sich diese Schmerzzentren zu „bewegen" und zu „verschwinden" scheinen.

Bisweilen wurden unvermutet innere Stimmen hörbar, die einen freudig lobten, dann aber mit scheinbar guten Gründen vorschlugen, die Gebetsformel zu ändern. Man möge doch statt „Jesus Christus" einen anderen Gottesnamen verwenden. In der besonderen Situation sei das sinnvoll.

Möglicherweise ist man erst einmal davon überwältigt, daß sich überhaupt eine innere Stimme meldet, die aus transpersonalen Dimensionen zu kommen scheint. In der Folge können die Änderungsvorschläge weitergehen, bis es zur direkten Unterstützung der Gegenmacht kommen soll.

Zu diesem Zeitpunkt werden wir endlich hellhörig, aber bis dahin war man doch sehr davon angetan, daß der Himmel selbst zu unserer Gebetspraxis positiv Stellung zu nehmen schien.

Es kann schlimmer werden: Die Dunklen können physische Schmerzen ankündigen; sie können Unheil für den/die Angesprochene(n), für einen nahen Angehörigen in Aussicht stellen, falls man nicht dem entspricht, wozu sie uns zu drängen trachten.

Vorübergehende physische Schmerzen können tatsächlich folgen; die anderen Ankündigungen erwiesen sich als bloße Drohung.

Dann gibt es Fälle, bei denen die „schwarze Majestät" (N. Makarytschowa) einen Angriff planmäßig, bis in die Einzelheiten hinein, aufzubauen scheint:

Unser seelisches Gefüge mit seinen Stärken und Schwachstellen liegt dieser „schwarzen Majestät" offen zutage. Wenn sie einen solch subtil geplanten Einsatz für erforderlich hält, kann sie ein ganzes Szenario gestalten, kann neue Personen, neue Bekanntschaften auf den Plan treten lassen, um uns an unserer Schwachstelle zu versuchen.

Da können phantastische berufliche Perspektiven vorgegaukelt, leidenschaftliche Beziehungen entfacht, soziale Anerkennung versprechende Entwicklungen eingeleitet werden. Allesamt haben sie für den „Irreführer" („Antwort der Engel") nur das eine Ziel, uns aus der gegenwärtigen persönlichen Situation herauszulösen und uns unfähig zu machen, die Aufgabe zu realisieren, die auf uns zukommt oder in der wir schon stehen. Von der schwarzen Macht auf den Weg gebrachte Träume können zusätzlich versuchen, persönliche Bedenken, das Ahnen katastrophaler Folgen zu beschwichtigen.

Wenn dann noch dunkle Kräfte die kritische Lagebeurteilung erschweren und die entflammten Begierden auf Erfüllung drängen lassen, dann ist das Gespinst aus Blendwerk und Lüge – beinahe – vollständig.

Doch bleibt ja unser Herzensgebet. Wir wenden uns mit aller Intensität der göttlichen Gegenwart zu. Keine unserer Entscheidungen soll ohne ihre Zustimmung erfolgen. Unser Gebetswort dringt stetig tiefer in das Blendwerk ein und entzaubert es mehr und mehr – bis wir aus den Fängen der schwarzen Macht befreit sind.

Manchmal werden die Attacken der Gegenseite durch unvermutete Müdigkeit eingeleitet, die das kritische Bewußtsein lähmt. Gerade dann kann Dunkles versuchen, bei uns Einfluß zu gewinnen. Es kann ein Versuch sein, Teilbereiche der Person „dämonisch", „magisch" zu besetzen.

Der „Schwarze Angler" („Die Antwort der Engel") mag bildhaft auftauchen und vorschlagen, mit ihm gemeinsame Sache zu machen. Aber auch nicht eindeutig einzuordnende Wesenheiten können sich melden.

Die Väter wußten um solche Gefahren. Wegen der Wichtigkeit sei folgende Textstelle ein zweites Mal zitiert: Du sollst „... nichts annehmen, was mit den Sinnen oder im Geiste schaubar wäre, weder in dir noch außer dir, sogar wenn es das dem Geist erscheinende Bild Christi wäre oder die Engel oder Heilige oder eine Lichtgestalt. Bleibe solchen Dingen gegenüber vielmehr kritisch und unbeweglich, ...".[7]

Letzterer Rat sollte strikt eingehalten werden. Wir sind Anfänger auf dem Wege des Herzensgebetes. Selbst wenn wir schon einige Erfahrung besitzen, sind wir nicht in der Lage, „die Geister zu unterscheiden", wie die Väter es nannten.

Machen wir uns nichts vor: Die Gegenmacht kann sehr intelligent und subtil vorgehen. Der „Schwarze Angler" liebt es, wenn er unterschätzt wird.

Deswegen, sich nicht zu einem Versprechen oder einem Tun drängen lassen! Gerade wenn wir gedrängt werden, ist höchste Vorsicht am Platze. Wir müssen immer die Möglichkeit haben, das Anstehende abzuwägen, dazu Informationen einzuholen, gegebenenfalls uns zu distanzieren.

Ein Hinweis sei noch gegeben: Wenn über das Unbewußte auftauchende bildhafte Personen oder Wesenheiten zu uns zu sprechen beginnen, sollten wir auch auf die

---

[7] Rosenberg, A., (Hrsgb.), neu 1983, S. 99.

Grammatik und auf die Fügung des Gesagten achten. Sind bei den „Botschaften" der syntaktische oder der inhaltliche Verlauf gestört bzw. gebrochen, wächst die Wahrscheinlichkeit, daß der Text von der Gegenmacht auf den Weg gebracht wurde.

Das Mittel, das bei den angeführten Beispielen und in ähnlichen Fällen immer wieder Hilfe bringt, ist unser Herzensgebet. Bei der Verteidigung gegen „dunkle" Angriffe werden wir es intensiver und innerlicher beten, gesammelt auf den Adressaten, Jesus Christus. Wenn es sein muß, bleiben wir stundenlang im Herzensgebet. Der Verfasser weiß von Fällen, wo es geboten war, mehrmals eine ganze Nacht den Schlaf zu meiden, um im Gebet keine Pause entstehen zu lassen. Erstaunlicherweise war dann am Tag doch die Kraft vorhanden, die Aufgaben des Alltags zu bewältigen.

Fr.-X. Jans betont, daß es wichtig ist, trotz aller „Fehde" den dunklen Kräften gegenüber Wohlwollen aufzubringen: „Wenn du eine Kraft von außen fühlst, die dich gegen deinen Willen durchdringt bzw. durchzieht, so verharre ganz in deiner Mitte. Schwinge dich in die *Vibration* und Strahlkraft des Herzensgebetes ein, und verharre in der Gestimmtheit, die daraus erwächst, ohne die geringste negative Emotion gegenüber dem Urheber dieser Kräfte. Du mußt dich ganz in den mystischen Zustand des Wohlwollens und der Barmherzigkeit einschwingen."[8]

Es sei noch ein Beispiel aus der seelsorgerischen Praxis von Prof. Frei angeführt, bei welchem sich die Einbrüche ins Unbewußte in außerhalb der betroffenen Person gelege-

---

[8] Jans, Fr.-X., S. 105, in Massa, W., (Hrsgb.), 1982.

nen Bereichen manifestierten: Eine Frau mittleren Alters fühlt sich „magisch" verfolgt. Klopferscheinungen zeigen sich in Möbeln und Wänden. Sie bleibt gelassen und spricht als Herzensgebet immer wieder folgenden Text: „Unsere Hilfe ist im Namen des Herrn, der Himmel und Erde gemacht hat". Eine schützende Schale bildet sich um sie; nach einer gewissen Zeit hören die Klopfgeräusche auf.[9]

In „Tore zum Licht" weist Fr.-X. Jans auf eine besondere Gefährdungssituation hin. Gerade dann, wenn man, im Herzensgebet schwingend, „alles freizugeben" vermag, sei die Gefahr groß, daß sich „dunkle Wesen" in die Zonen des Bewußtseins vorwagen. Sie „... versuchen, mit Dir zu kommunizieren, weil Du in diesem Zustand einfach offen bist. Du bleibst in dem Maße auch in Deinem Ego geschützt, wie Du dieses in Deinem Mantra anheimgeben kannst."[10]

„Mantra" meint hier das Wiederholungswort des Herzensgebetes. Im Herzensgebet sich immer mehr der göttlichen Gegenwart anzuvertrauen, wird als schützendes Verhalten angeraten.

Bei massiven Einbrüchen jedoch kann die dunkle Macht versuchen, das Herzensgebet selbst anzugreifen. Es ist möglich, daß innere zerstörende Gegenstimmen vom Text der Gebetsformel Wort für Wort abspalten. Sie besetzen die Lautformen der Wörter mit eigenen Inhalten, d.h. mit eigener Bedeutung, und verwenden sie für ihre eigenen Ziele. Man ist gleichsam gezwungen, den Gebetstext immer mehr zu kürzen, um nicht die Zwecke der Gegenmacht zu unterstützen.

---

[9] Vgl. Frei, G., S. 137, in Rosenberg, A., (Hrsgb.), neu 1983.
[10] Vonzun, L. und Jans, Fr.-X., 1996, S. 172.

Schließlich ist kein verbales Sinnganzes mehr übrig, das man den Dunklen entgegenhalten könnte. Dann heißt es, sich *wortlos* in die schützende Sphäre der göttlichen Macht zu bergen. Das wortlose Tönen und Singen, etwa von Vokalen, kann eine große Hilfe sein. Dabei läßt sich das Körpergefühl bewahren und gleichzeitig die Haltung des flehenden Zugewandtseins zu Christus behaupten. Wir führen den heil gebliebenen Teil unseres Herzensgebetes in die Personmitte, ins „Herz" und „atmen" die Schwingung des Kraftfeldes, den von Vokalen getragenen Klang, das sich anklammernde Zugewandtsein in jenes „Herz" hinein.

Das gilt auch dann, wenn wir in dieser Phase unsere Personmitte als außerhalb des physischen Körpers liegend erfahren sollten.

In solcher Situation dürfen wir der Tröstung des Apostels Paulus vertrauen – und sie auf uns anwenden: „Desgleichen hilft auch der Geist unserer Schwachheit auf. Denn wir wissen nicht, was wir beten sollen, ..., sondern der Geist selbst vertritt uns mit unaussprechlichem Seufzen. Der aber die Herzen erforscht, der weiß, worauf der Sinn des Geistes gerichtet ist; denn er vertritt die Heiligen, wie es Gott gefällt." (Röm. 8; 26,27)

In solchen Zeiten intensiver „Fehde", wie es die Väter gern ausdrückten, kann es auf einmal unerhört wichtig werden, zum Abendmahl, zur Kommunion zu gehen. Die dunkle Seite wird sich unter Umständen mit ihren Mitteln sträuben. Es mag sein, daß körperliche Bedrängnis von der Teilnahme am Sakrament abhalten soll. Umso wichtiger ist es, sich nicht vom Sakrament „wegdrängen" zu lassen. Manchmal erfährt man die Abschwächung oder die Befreiung von den Drangsalen unmittelbar.

Es kann kritische Phasen bei der Auseinandersetzung mit der Gegenmacht geben, bei denen es geboten scheint, nur den Namen „Jesus Christus" als Gebetswort zu nehmen.

Es mag auch zuzeiten sinnvoll sein, den Erzengel Michael anzurufen, der nach der christlichen Überlieferung die Sonderaufgabe übernommen hat, für die göttliche Seite den Kampf gegen die dämonischen Mächte zu führen. Solche Anrufung ist kein Gegensatz zum sonstigen Herzensgebet: In Michaels gewaltiger geistiger Kraft wirkt sich das Potential der Christusmacht aus.

In mancher Krisenzeit wird es hilfreich sein, mit dem Ehepartner oder einem/r anderen Vertrauten gemeinsam das Herzensgebet zu sprechen – und im Kampf gegen die Dunklen zusammenzustehen. Auch hier gilt: „Wo zwei oder drei in meinem Namen versammelt sind, da bin ich mitten unter ihnen".

Manchmal scheint die dunkle Macht nicht mit ganzer Intensität vorzugehen, jedoch das innere Sprechen des Gebetswortes wird schwer. Es kann körperliche Mühsal bedeuten, im Herzensgebet zu bleiben. Gerade dann dürfen wir nicht aufgeben. Vielleicht ist es auch in dieser Situation geraten, das Wiederholungswort zu singen oder zu tönen.

Wenn auch in der akuten „Fehde" das Gebetswort zeitweilig gewechselt wurde, stets kehren wir zum nun schon gewohnten Wiederholungsgebet zurück. Teilerfolge und schließlich der Gesamterfolg werden ausgebaut und abgesichert durch unser Verweilen in unserem heiligen Wort. Es bleibt unser bester Schutz.

So sahen es schon die hesychastischen Väter, wenn sie erklärten: „Dieses Gebet ist nach ihrer Lehre (der Altvorderen) ein feuriges Schwert gegen die Dämonen und ihre ganze feindliche Macht. Wo es … weilt, in den Gefilden der Demut und Reue der Seele, da kann die dunkle dämonische Macht nicht sein …".[11]

Johannes Chrisostomos betont ebenfalls die durch das Gebet wirksam werdende Kraft: „Vermeine nicht, irgend etwas Geistiges zu erreichen, ohne den Namen Jesu Christi gegen jede schlechte Regung anzurufen; es gibt keine stärkere Waffe im Himmel wie auf Erden."[12]

Nil Sorski formuliert ähnlich ausdrucksstark: „Nur gegen dein warmes Gebet und den Namen Christi vermögen sie (bedrängende Hirngespinste) nicht einen Augenblick standzuhalten. Das kluge Herzensgebet brennt den Bösen wie Feuer."[13]

Manche Ausführungen dieses Kapitels mögen einigen Lesern befremdlich erscheinen. Aber wir sollten uns klarmachen, daß das Abtragen der Mauern aus Rationalität und Sinnenhaftigkeit, die wir um unseren geistlichen Quellgrund geschichtet haben, mit heftigen Auseinandersetzungen verbunden sein kann. Wenn wir uns mit unserem Herzensgebet diesem göttlichen Quellgrund nähern, verstärkt die Gegenmacht ihre Anstrengungen, um es nicht zur Begegnung kommen zu lassen.

Das ist jedoch kein Grund, sich furchtsam zurückzuziehen. Vielmehr gilt auch heute noch die Einschätzung, die Schimonach Ilarion, Ende des neunzehnten Jahrhunderts Athos-Mönch, später Einsiedler im Kaukasus, bei Kämpfen

---

[11] Ilarion, Sch., neu 1991, S. 327.
[12] Selawry, A., (Hrsgb.), 1986, S. 175.
[13] A.a.O., S. 166.

mit der Gegenmacht gewonnen hat: „Nie, niemals, unter gar keinen Umständen fürchtet die Drohungen der diabolischen Macht! Der Herr läßt sie nur starken und im geistlichen Leben großen Männern (Zusatz: „und Frauen") sichtbar werden; dem Dämon erlaubt Er aber in Ewigkeit nicht, sich dem Schwachen zu zeigen, denn der Herr Selbst ist überall, an jedem Ort und sieht unmittelbar unseren Zustand, und nur nach dem Maß der geistlichen Kraft erlaubt Er dem Feind, auf uns zu wirken."[14]

---

14 Ilarion, Sch., neu 1991, S. 319.

10. Engel – Mittler zwischen geistiger und irdischer Welt

Immer wieder kommen die Väter in ihren Schriften auf das Ziel zu sprechen, das ihnen als leuchtendes Band am Ende aller Askese und aller Gebetsanstrengungen winkt. Stellvertretend sei hier der hl. Barsanuphius zitiert: „Wenn nicht das innere, mit Gott geeinte Tun dem Menschen zu Hilfe kommt, müht er sich vergebens in äußerer Tätigkeit. Das innere Tun bringt mit der Anstrengung des Herzens seine Reinheit; die Reinheit aber die ‚Ruhe‘ des Herzens, diese Ruhe die Demut; … und so wird der Mensch zum Tempel Gottes, voll Heiligkeit, voll Licht, Reinheit und Gnade.“[1]

Ein solches Lebensziel ist nur mit göttlichem Beistand erreichbar; das betont die angeführte Stelle.

Wir Heutigen würden andere Schwerpunkte setzen. Vielleicht wären unsere Ziele ein sinnvoller Beruf, der zur Aufgabe werden kann; Harmonie in der Familie; ein vertrautes soziales Umfeld; aber auch der gewandelte und geläuterte innere Mensch, der der göttlichen Gegenwart mit seiner Person eine angemessene Wohnstatt zur Verfügung stellen kann; verantwortliches Mitwirken bei der Gestaltung unserer Welt.

Auch ein solches Lebensziel ist ohne göttliche Unterstützung nicht zu verwirklichen.

Wenn wir unser heiliges Wort sprechen, rufen wir die göttliche Gegenwart in all ihren Aspekten herbei und bitten

---

[1] Rosenberg, A., (Hrsgb.), neu 1983, S. 79.

um ihr helfendes Erbarmen. Wir vertrauen ihr, auch wenn wir sie nicht durchschauen, doch von ihrer Fülle, ihrer Zugewandtheit zu uns freudig angemutet werden. Wir ahnen, daß unterschiedliche Kräfte, Mächte und personale Wesenheiten sich zur göttlichen Gegenwart zusammenfügen, eine harmonische Einheit bildend.

Der geistige Bereich, in dem diese Wesenheiten und Kräfte ihre Heimat haben, durchdringt unsere raum-zeitliche Wirklichkeit; die himmlischen Kräfte sind in unserer unmittelbaren Nähe, nicht irgendwo „dort hinter den Wolken".

So heißt es bei Ilarion: „Der geistige Himmel mit all seinen seligen Himmelsbewohnern ist daher genauso überall, wie der sichtbare Himmel überall ist ... Daher können wir überall in Gebeten zu den Engeln und den Heiligen Gottes eilen; daher können uns überall die himmlischen Kräfte und die Gerechten zu Hilfe eilen, weil diese Welt geistig ist, unsichtbar."[2]

Wieder sei zum Ausdruck gebracht, daß kein Gegensatz zwischen Engelmächten und der göttlichen Kraft besteht, die von Christus ausgeht.

„Die Antwort der Engel", ein inspiriertes „Dokument", (siehe Literaturverzeichnis!) spricht von machtvollen Engelwesen, die als „Helfender", „Strahlender", „Bauender" und als „Wort" in unsere Welt hineinwirken.

Zugleich jedoch wird von Christus gesagt: „Er ist der ‚Helfende'. Er ist die ewig ‚strahlende Kraft'. ‚Sein Wort'

---

[2] Ilarion, Sch., neu 1991, S. 193.

ist das WORT, das einzig Gute. Er ist der ‚Bauende‘, ... Er ist das Haupt, wir die Glieder – immer bereit zu dienen.“[3]

Das Wirkmächtige in diesen Engelkräften ist der Herr selbst. Im Herzensgebet und in der Herzensmeditation findet Er Bereitschaft zu Seiner Aufnahme.

Es gibt die persönlichen Engel, die als „innerer Führer“ einem Menschen zugeordnet sind und als Helfer, Wandler, Bote ihre Aufgabe finden. Auch sie bleiben in Verbindung mit der Christuswirklichkeit, bringen sie „vor Ort“, zum Einzelnen, zur Gruppe.

Engel können in unsere Welt nur dann hineinwirken, wenn sie darum gebeten werden. Das scheint eine Wesenseigentümlichkeit zu sein. Wenn wir in das Herzensgebet unsere Nöte und Bedürfnisse hineingeben, dann erfüllen wir solche Voraussetzung immer aufs neue. Doch sollten wir in uns hineinspüren, denn manchmal kann es angebracht sein, daß wir uns mit unserem Hilfeersuchen gezielt an eines der genannten Engelwesen wenden.

In diesem Zusammenhang sei noch eine Kernstelle aus „Die Antwort der Engel“ angeführt: „WIR BESTEHEN AUS GLAUBEN ... WER GLAUBT – DEM ‚SIND‘ WIR! DER GLAUBE IST ‚SEINE‘ KRAFT! ... Wir aber steigen nieder auf dem Wege eures Glaubens. DENN DER GLAUBE IST BRÜCKE.“[4]

Der Weg, wie er uns durch den Glauben an Christus vorgegeben ist, zeigt die Richtung an, in welche solches Engelwirken zielt. Ohne Anspruch auf Vollständigkeit seien drei

---

[3] „Die Antwort der Engel“, 1993, S. 377/378.
[4] „Die Antwort der Engel“, 1993, S. 127.

Felder genannt, in denen unsere Engel helfen und damit ihr Wirken in die göttliche Unterstützung einordnen:

Erstens geht es darum, allzu starke Bindungen unseres „Kleinen Ich", unseres begehrlichen Ego, an Teilbereiche der Welt zu lockern bzw. zu lösen.

Zweitens sind unsere psychischen Mängel und Schwachstellen zu nennen. Falls sie uns auf dem Wege, hier auf dem Wege des Herzensgebetes hindern, können unsere Engel unermüdlich darauf hinweisen. Immer aufs neue können sie uns anspornen, gegen solche Hemmnisse anzugehen.

Drittens kann das Entfalten unserer Veranlagungen und Fähigkeiten durch die Engel gefördert werden. Sie sind den unbedingten Forderungen verpflichtet, die vom göttlichen Bereich ausgehen. Sie können unnachgiebig auf das verweisen, was unsere Begabungen stärkt – und was uns fähiger macht für die jeweilige Aufgabe.

Sie vermögen kraft ihrer überschauenden Erkenntnis zu entscheiden, in welchem Maße sich solche Aufgabe einfügt in den göttlichen Plan oder ihm widerstrebt. Engelwesen sind dienende Wesen. Das Auf-den-Weg-Bringen dieses göttlichen Planes ist ihre Absicht; uns Menschen bereitzumachen, ihn tatsächlich zu realisieren, ihr Anliegen.

Ein Beispiel solchen Eingreifens von Wesenheiten aus dem transpersonalen „Raum" findet sich bei Vonzun/Jans, wobei die Mitautorin durch ihre besondere Kanalisierungsfähigkeit dieses Geschehen transparent werden lassen kann.

Das Engelwesen hat Kontakt zu L. Vonzun aufgenommen und sagt: „Unser Meister ist Christus. Seine Kraft steht für die Transformation der Welt zur Verfügung. Wir tun damit das Unsere, ihr tut damit das Euere. Das Unsere bedeutet: Wir bündeln die Energie und senden sie aus. Somit sind wir Mittler zwischen IHM und euch."[5]

Sachlich konstatiert das Engelwesen Gabriel weiter: „Die meisten Menschen sind dafür (Zusatz: für die ‚abgedämpfte' göttliche Energie) nicht offen. So warten die Engel, bis irgendwo Empfängnisbereitschaft entsteht."[6]

– Wo sollte mehr Bereitschaft bestehen, solche Christusenergie gestaltend für das Neuwerden unserer Welt einzusetzen als bei den ernsthaft Suchenden, hier: bei denen, die auf dem Wege des Herzensgebetes sind?

Beim Verwirklichen solcher Bereitschaft geben unsere persönlichen Engel Hilfestellung, auf daß der göttliche Wille zur Umgestaltung sein Ziel erreiche und das menschliche Handeln unterstütze.

[5] Vonzun, L./Jans, Fr.-X., 1996, S. 94.
[6] A.a.O., S. 94.

11. Engel und Träume

Ein weiterer Bereich, in welchen Engel gestaltend einwirken, ist das Traumgeschehen.

Es scheint so zu sein, daß Herzensgebet und Herzensmeditation, wenn sie jahrelang geübt werden, das ganz normale Träumen deutlicher werden lassen: Die Bilder werden klarer, die Bildfolgen bleiben – allerdings nicht immer – präziser im Gedächtnis.

Das ist auch erklärlich, da wir beim Üben mit dem Gebetswort in immer tiefere Schichten der Gesamtperson gelangen. Dabei erreichen wir die Reservate des persönlichen Unbewußten (nach S. Freud) und des „Kollektiven Unbewußten" (nach C. G. Jung) und erleichtern ihren Inhalten den Weg „nach oben".

An dieser Stelle soll nicht näher auf das normale Träumen eingegangen werden.

Weiter oben war davon die Rede, daß den Menschen jeweils ein persönlicher Engel zugeordnet ist. Offensichtlich ist es für diese Wesen nicht leicht, mit ihren Schützlingen in Verbindung zu kommen. Sprachliche Kommunikation ist kaum möglich, da ihr Sein schwebender, von höherer Schwingungsfrequenz geprägt ist als das unsere.

Doch wenn Menschen beim Verwirklichen ihrer Aufgabe den vollen Einsatz aktivieren, wenn sie „auf dem Gipfel" sind, werden sie für die unterste Kommunikationsmöglichkeit der Engel, ihren „Fuß" erreichbar. Dann können von ihnen ausgehende gedankliche Anmutungen das

menschliche Bewußtsein berühren: „NUR AUF DEM GIP-
FEL DEINER FRAGEN FINDEST DU ANTWORT! Ich
bin *dort* – antworten kann ich nur *dort*. Was immer du halb
nur tust, bringt dir nicht Segen, … Geh immer den Weg, der
aufwärts führt!"[1]

Mit dem Traum aber ist eine Kommunikationsform für
die Engel gegeben, der sie sich leichter bedienen können: In
dem „Grenzland der Bewußtseinszustände sind Engel auch
an der Entwicklung des Traumgeschehens beteiligt."[2]

Deshalb sollten wir von dem normalen Träumen das
„engelbewirkte" Träumen unterscheiden. Ob sich solche
Träume bevorzugt des gleichen Bildmaterials bedienen wie
die anderen, muß offengelassen werden.

Bedeutsamer ist die Frage, wie sich solches engelbewirkte Träumen vom normalen Traumgeschehen unterscheiden
läßt. Wegen der Flüchtigkeit der „Materie" können nur einige vorsichtige Hinweise gegeben werden.

Es geht den persönlichen Engeln vor allem darum, unsere individuelle Entwicklung so zu fördern, daß sich unser
„Weg" immer intensiver der Christuswirklichkeit nähert;
das war weiter oben ausgeführt worden.

Wenn Träume eine Aussage oder eine Nachricht enthalten, die sich zwanglos obengenanntem Ziel zuordnet, sollten wir ernsthaft erwägen, ob es sich um ein engelbewirktes
Geschehen handeln könnte.

Ein weiteres mögliches Erkennungssignal ist das Auftreten des Engels selbst in der bildlichen Abfolge. Vielleicht

---

[1] „Die Antwort der Engel", 1993, S. 241.
[2] Ströter-Bender, J., 1988, S. 89.

überragt eine Person, überschlank, die anderen Handlungsträger des Traumgeschehens um Kopfeslänge. Vielleicht wird der besondere Rang des Engelwesens dadurch zum Ausdruck gebracht, daß es sich in erhöhter Position darstellt: von einer Empore die Handlung verfolgend, von einem höheren Stockwerk aus dem Fenster schauend usw. Möglicherweise wird die Fremdheit der Sphäre zum Ausdruck gebracht, von der aus diese Wesen in unsere raum-zeitliche Wirklichkeit einwirken. Dann kann z. B. ein vornehmer Afrikaner, ein chinesischer Mandarin zur Erscheinungsform des Engels werden. Aber es kommt auch vor, daß sich der himmlische Mittler in der Gestalt eines freundlichen, manchmal auch hoheitsvollen Tieres verbirgt. Da kann dann ein lieb-listiger Fuchs, ein majestätischer Berglöwe, ein freudig zugewandter Hund die gemeinte Information übermitteln helfen.

Zu warnen ist vor Träumen, die von der dunklen Gegenseite beeinflußt sind. Sie sind seltener, aber in Zeiten psychischer Umbrüche oder Krisen ist mit ihnen zu rechnen. Häufig folgen ihnen beim Erwachen Gefühle von Angst und Grauen. Aber das ist nicht immer der Fall. Letztere sind die eigentlich gefährlichen Träume, denn die beeinflussende Instanz ist schwieriger auszumachen. Diese Instanz gibt sich gelegentlich in Gestalt eines Symboltieres, etwa eines schwarzen Panthers, zu erkennen.

H. Vorgrimler weist darauf hin, daß Träume, die vordergründig lediglich das Alltagsgeschehen aufarbeiten, eine tiefere Dimension haben können: „Warum sollte Gott, …, sich, bei dem bildbedürftigen … Menschen nicht der Bilderwelt der Träume und des Traumbewußtseins bedienen? Sollte ein Mensch im Traum Bilder umsetzen, die ihm in seiner Alltagswelt begegnen …, dann würde das dennoch die Möglichkeit nicht ausschließen, daß Gott diesem Menschen ... etwas Bestimmtes kundtun will."[3]

Eine gute Hilfe für uns, die wir normalerweise nicht das sichere Unterscheidungsvermögen für engelbewirkte und für normale Träume haben, ist das Führen eines Traumbuches. Ich kenne Weggefährten, die ein solches auf dem Nachttisch liegen haben, um nach dem Erwachen sofort das Traumgeschehen mit den wichtigen Details festzuhalten.

Das ist auch für solche Traumgebilde sinnvoll, die zunächst als möglicherweise nichtssagend eingestuft werden.

Wenn man einen Tag lang mit einem solchen Traum umgegangen ist, fällt es manchmal „wie Schuppen von den Augen". Auf einmal bekommt das Befremdliche eine Beziehung zur persönlichen Existenz, das „Nichtssagende" entschleiert seine Botschaft.

Vielleicht sind Sie in einem anderen Fall weitgehend sicher, daß der betreffende Traum keine besondere Aussage für Sie beinhaltet. Sie tragen ihn trotzdem ein. Einige Nächte später geraten Sie in eine Traumthematik, die der ersten ähnelt. Beim Vergleich werden die Konturen der Aussage erkennbar, die zunächst verborgen waren. Ohne Traumbuch hätten Sie vermutlich wichtige Einzelheiten des ersten Traumes schon vergessen gehabt.

Ziehen wir das Fazit! Auch beim Auswerten unserer Träume ist die Haltung der Aufmerksamkeit gefragt. Der Handlungsverlauf und die Einzelheiten von möglicherwei-

---

[3] Vorgrimler, H., 1991, S. 98.

se engelbewirkten Träumen werden am besten „frisch" fest-
gehalten.

Auch Normalträume, die auf den ersten Blick lediglich
das Tagesgeschehen aufarbeiten, können Hinweise für die
spirituelle Entwicklung beinhalten.

In Krisenzeiten oder in Phasen von Angriffen durch die
Gegenmacht ist die Wachsamkeit gefordert, um Traumgeschehen, das vom Weg des Herzensgebetes wegführen
soll, als solches zu erkennen.

Träumen, die wir als engelbewirkt bewerten, entnehmen
wir wichtige Hinweise für das weitere Weggeschehen, auch
für mögliche Entwicklungen, die den Weg des Herzensgebetes stören könnten.

12. Zur beschützenden Wirkung von Herzensgebet und von Herzensmeditation

Von Maximus, einem griechischen Heiligen des 4. Jahrhunderts, ist folgende Begebenheit überliefert:

Als der noch junge Mann – während eines Gottesdienstes – vom Priester die Aufforderung des Paulus „Betet ohne Unterlaß!" vernimmt, trifft ihn dieser Anruf in der Mitte seiner Existenz; und er beschließt, Folge zu leisten. Der junge Mann zieht sofort in die nahen Berge, um in der Einsamkeit das Vaterunser und andere auswendiggelernte Gebete zu sprechen.[1]

In der Nacht stürzen auf den ohne Unterschlupf Gebliebenen die Gefahren der Wildnis herein. „Er begreift, daß er verloren ist, wenn Gott ihm nicht zu Hilfe kommt". Er „... ruft wie Bartimäus aus: ‚Herr Jesus Christus, Sohn Gottes, erbarme dich meiner!' So schreit er die ganze Nacht, denn die wilden Tiere und feuerroten Augen lassen ihn kein Auge zutun."[2] Er ruft das Stoßgebet immer aufs neue, bis die Sonne aufgeht und die wilden Tiere sich zurückziehen.

Diese Situation äußerster Gefährdung, die von Maximus überliefert ist, macht drei Sachverhalte deutlich:

Er wird auf das Stoßgebet geworfen. Selbst das Vaterunser und das Glaubensbekenntnis sind in der unmittelbaren Bedrohung nicht mehr möglich, sondern das ohne

---

[1] Vgl. Bloom, A., S. 137 ff., in Lafrance, J., 1988.
[2] Bloom, A., S. 137/138, a.a.O.

Nachsinnen herausgefundene Gebet, das im Namen Jesu Christi um göttliche Hilfe fleht, ergibt sich als Rettungsruf fast von selbst.

Zweitens gibt es in der Situation der existentiellen Bedrohung keine abschweifenden Gedanken mehr. Die Intensität der Gefahr konzentriert die Aufmerksamkeit auf den Gebetsinhalt und senkt ihn ins Zentrum der Person – und dieser Zustand bleibt bestehen, bis die Bedrohung vorübergezogen ist.

Drittens und vor allem wird deutlich, daß das zum Himmel gerufene Stoßgebet die göttliche Hilfe aktiviert. Ohne solches Gebet wäre Maxismus verloren. Das unaufhörlich hervorgebrachte Gebetswort aber formt die Schutzhülle, in die die Gefahren nicht einzudringen vermögen. Maximus wird gerettet.

Sicher, wir Heutigen sind normalerweise nicht von wilden Bestien bedroht. Aber kann eine Nacht vor einer schwierigen Operation, eine Nacht vor einer das weitere private oder berufliche Leben bestimmenden Entscheidung nicht ähnlich existielle Bedrohung groß werden lassen?

Auch wenn die Gefährdung geringer ist, wenn es um ein Gespräch mit einer höhergestellten Person geht, wenn eine gerichtliche Entscheidung zu erwarten ist oder ein Schuldeingeständnis vor einer größeren Gemeinschaft geboten erscheint, ist das Herzensgebet die stützende Hilfe für die eigene Psyche.

In solchen und in ähnlichen Fällen wird das Wiederholungsgebet zu einem dichten Schutzmantel, der Geborgenheit unmittelbar erfahren läßt. Es sorgt dafür, daß die manches Mal übersteigerten Ängste auf das situations-

gerechte Maß zurückgeführt werden. Und wer im Herzensgebet anhaltend bleibt, dem mag es gelingen, die Ängste
ganz zu vertreiben. Schließlich birgt der Name „Jesus" die
göttliche Hilfe – als Verheißung – in sich.

12.1. Persönliche Engel – Mittler bei Konflikten

Das Folgende mag einigen Lesern als bloße Wunsch-
vorstellung erscheinen; das soll in Kauf genommen werden.
Aber führen wir uns noch einmal vor Augen, daß der vorliegende Text Ernst macht mit dem Erfaßtwerden von uns
Menschen durch transpersonale Wirklichkeiten. Diese pas-
sen nicht in unser herkömmliches Raum-Zeit-Modell der
Welt hinein, sie durchdringen es und überschreiten es glei-
chermaßen.

An dieser Stelle sei besonders auf unsere persönlichen
Engel eingegangen. Diese können für uns in ganz eigener
Art beschützend tätig werden.

Häufig sind Problemsituationen im mitmenschlichen
Umfeld dadurch gekennzeichnet, daß Konflikte zwischen
anscheinend ungleichwertigen Partnern vorliegen. Die
andere Seite scheint die machtvollere zu sein, die Seite, von
der wir abhängig sind.

In solchen Fällen können wir unsere Engel bitten, sich
mit dem persönlichen Engel des betreffenden Konflikt-
partners in Verbindung zu setzen, damit dieser seinen
Schützling dahingehend beeinflusse, daß die anstehende
Auseinandersetzung möglichst friedlich und harmonisch
verlaufe.

Auch kann es im Alltagsgeschehen Konfliktfälle geben, in denen man als einzelne(r) einer ganzen Gruppe von feindselig eingestellten Leuten gegenübersteht. „Mobbing" ist in unserer Zeit fast ein Modewort geworden.

Wir haben die Chance, in solcher Situation unseren Engel herzlich darum zu ersuchen, mit den Engeln aller bei der Auseinandersetzung beteiligten Personen Kontakt aufzunehmen. Diese mögen bei ihren Schützlingen auf eine Entspannung und Normalisierung der Lage einwirken.

Einige Beispiele seien angeführt: Vielleicht sehen Sie eine schwierige Auseinandersetzung mit Ihrem Vorgesetzten auf sich zukommen, der Sie entlassen, Sie beruflich herabstufen oder versetzen kann. Ihnen ist beklommen zumute. Rufen Sie Ihren Engel an, fordern Sie ihn liebevoll auf, sich mit dem Engel Ihres Vorgesetzten in Ihrem Sinne in Beziehung zu setzen. Vielleicht sind Sie anschließend erstaunt darüber, wie gut der Konflikt sich auflöste.

Ein weiteres Beispiel: Als Lehrer/in kommt man in der heutigen Zeit immer wieder in Klassen mit schwierigen, verhaltensauffälligen Schülern. Manchmal ist man pädagogisch überfordert. In solchem Fall können Sie Ihren und den Engel des betreffenden Schülers um gegenseitige Kontaktaufnahme und gegenseitige Förderung bitten. Möglicherweise sind Sie erfreut über die sich abschwächenden Komplikationen.

Unter Umständen sind die Handwerker, die Sie für eine bestimmte Arbeit benötigen, wenig kooperativ, ja eigenmächtig. Sie sind jedoch auf diese Leute angewiesen, werden lange Zeit mit ihnen zu tun haben. Wieder gilt: Fordern Sie Ihren Engel herzlich auf, mit den Engeln der Handwerker zu kommunizieren, auf daß die Zusammenarbeit für beide Seiten harmonisch und befriedigend verlaufe. – Die Bitte ist nötig.

Die Frage, die sich an dieser Stelle neu aufwirft, lautet: hat denn jeder Mensch seinen persönlichen Engel? Gitta Mallasz, Zeitzeugin und Herausgeberin der „Antwort der Engel", sagt ja – der Möglichkeit nach, potentiell.[3] Aber der Glaube an die göttliche Gegenwart muß hinzukommen, damit der Engel aktuell tätig werden kann.

12.2. Schutz vor psychischen Geneigtheiten

Häufig benötigen wir Schutz vor uns selbst, vor unseren psychischen Schwachstellen, die in unserem besonderen seelischen Ausgeformtsein ihre Ursache haben. Sie drängen unser Erleben immer wieder auf die gleiche abschüssige, uns in Schwierigkeiten bringende Bahn.

Da gibt es den Zorn, der eine(n) aus nichtigen Anlässen immer aufs neue übermannt; die übergroße Empfindlichkeit, die Kleinigkeiten zu tiefgehenden Kränkungen hochstilisiert; das Minderwertigkeitsgefühl, das zuzeiten die ganze Person überschwemmt und jegliche Aktivität lähmt; die Verzweiflung, die die Schwierigkeiten in den Himmel wachsen sieht und keinen Ausweg mehr findet; aber auch Stolz und Hochmut, die im Gefühl des eigenen Herausgehobenseins die Schwäche und Not der Mitmenschen gar nicht oder nur ironisch-abwertend wahrnehmen.

---

[3] Vgl. Mallasz, G., 1986, S. 149.

Bei solchen und ähnlichen Geneigtheiten, bei denen ein lange anhaltender Kampf notwendig ist, um sie auf das beherrschbare Maß zurückzuführen, bietet sich die Herzensmeditation an. In den Kernübungszeiten sollten wir unserem Gebetswort unsere psychische Schwäche mit auf den Weg geben und unsere Hilfsbedürftigkeit bekennen: „Jesus Christus, erbarm' dich mein(er)"; das bedeutet dann immer wieder: „... erbarm' dich meiner Schwäche!"

Bei solchen psychischen Geneigtheiten, unter denen wir leiden, braucht es Geduld und den immer erneuten Einsatz. Wir dürfen mit unserer Wachsamkeit nicht nachlassen. Bemerken wir die Gefahr eines neuerlichen Hineingleitens in unsere persönliche Schwäche oder hat die Niederlage schon stattgefunden, gehen wir sofort ins Herzensgebet, also auch in den freien Übungszeiten. Wir offenbaren der göttlichen Gegenwart wieder einmal die eigene Kraftlosigkeit – und bitten um Vergebung und Stärkung. Das ist unser Anteil. Die innere Umformung müssen wir der Christuswirklichkeit überlassen. Seien wir ausdauernd, mutig und glaubensstark in solchem Herzensgebet und bei solcher Herzensmeditation; machen wir sie zu unserer gewaltlosen Waffe!

Die Väter bestärken uns bei solchem Vorhaben. Johannes Klimakos sagt: Das Herzensgebet ist „... Schutzwall gegen Kummer, sieghafter Kampf und Überwinden aller Kämpfe, Versiegen von Zorn, Trübsinn und Verzweiflung, unerschöpfliche Tätigkeit, Quell der Tugend und innerer Gaben, ...".[4]

---

[4] Selawry, A., (Hrsgb.), 1986, S. 71.

Theophan der Klausner macht deutlich, daß die psychischen Geneigtheiten, die uns selbst Not bereiten, nur durch das gnädige Eingreifen Jesu Christi gewandelt werden: „Im Jesusgebet geht der Hauptkampf um die Reinigung von Herz und Verstand. Niemand vermag seinem Herzen zu gebieten. … Nur der HERR, DER alles in SEINER Hand hält, vermag ins Herz einzutreten und Gefühle darin zu entzünden, die nichts mit seinen nur naturhaften Regungen zu tun haben."[5]

[5] A.a.O., S. 208.

13. Zur heilmachenden Wirkung von Herzensgebet und von Herzensmeditation

In der Kapitelüberschrift ist von „heilmachender" Wirkung die Rede. Diese Formulierung soll darauf hinweisen, daß es im folgenden nicht nur um physisches Gesundmachen geht, sondern vor allem um ganzheitliches Heilgemachtwerden.

Bei der Herzensmeditation werden grundsätzlich Körper, Seele und Geist gefördert. Diese drei Ausformungen menschlichen Seins durchdringen einander und wirken aufeinander ein.

Das schließt nicht aus, daß beim Meditieren für eine gewisse Zeit nur einer der drei genannten Aspekte im Vordergrund steht. Dennoch werden die anderen – weniger betont – ebenfalls positiv beeinflußt.

Ein Beispiel sei dazu genannt: Wenn man sich nach anstrengender Tagesarbeit zum Meditieren hinsetzt, ist es erklärlich, daß zunächst nur die entspannende und die gereizten Nerven lösende Wirkung angestrebt wird.

Solche Entspannung und Lockerung von Psyche und Nervensystem ist mit jeder Art des Meditierens zu erreichen. Gleichgültig, ob man in einem Kurs für Transzendentale Meditation übt, ob man in der Weise des Zen-Buddhismus sitzt oder ob man eben die Herzensmeditation als besonders intensive Form des Herzensgebetes realisiert. Solche Entspannung stellt gewissermaßen die Grundförderung jeglichen Meditierens dar.

Aber die begleitende Wirkung ist jeweils verschieden. Bei der Herzensmeditation wird der Geist, die Disposition des Ausgerichtetseins zur Transzendenz, in bestimmter Weise mitangesprochen: Indem ich mich im Gebetswort sammle „Jesus Christus, erbarm' dich uns(er)", erhebe ich den Geist in Richtung auf die Christuswirklichkeit und verweise auf die menschliche Schwachheit. Das bedeutet, daß schon beim Sitzen mit dem bloßen Zulassen von Entspannung, der Geist des/r Meditierenden so gewöhnt wird, daß spätere spezifische Entwicklungen der Herzensmeditation angebahnt werden.

13.1. Das Kraftfeld und sein Hineinwirken in physische Bereiche

Jede/r Meditierende erfährt es, daß mit dem Kommen und Gehen des Atems ein Kraft- bzw. Energiefeld aktiviert wird, das mit dem Atem verbunden bleibt und in seinem Rhythmus schwingt.

Jede Art des Meditierens prägt solches Kraftfeld in arteigener Weise. Bei der Herzensmeditation wird das Wiederholungswort zum heiligen Wort, das die göttliche Gegenwart erschließen und deren Schwingung in die anderen Schwingungen des Energiefeldes integrieren kann. Deswegen dürfen wir von der Herzensmeditation heilende und heilsame Wirkung erhoffen. Sie ist doch geprägt vom Geist des „Gott rettet, Gott macht frei".

Hat der/die Meditierende im Rumpf oder im Arm-, Beinbereich lokalisierte Beschwerden, dann wird das Einatmen in gewohnter Weise geschehen, wobei das Energiefeld im Bauch-Beckenraum angereichert wird, falls keine andere Region als Personmitte erfahren wird.

Beim Ausatmen jedoch wird der/die Übende durch leichte Anspannung das Kraftfeld ein wenig bündeln und es so ausströmen lassen, daß die Beschwerdestelle von ihm weiträumig durchflossen wird. Dabei gilt: Je ganzheitlicher diese Stelle durchströmt wird, desto besser ist es.

Das eben Ausgeführte trifft für den Normalfall zu. Eine Ausnahmesituation könnte eintreten, wenn Sie besonders um Linderung oder Heilung eines schmerzenden Bereiches o. ä. gebetet haben. Dann kann es geschehen, daß das Energiefeld von innen heraus in einen Körperbereich geführt wird, den Sie gar nicht angezielt hatten. Solcher „Führung" dürfen wir vertrauen, und wir lassen unser Kraftfeld den angezeigten Bereich durchformen, solange die Lenkung anhält – diesmal ohne die Personmitte zu berücksichtigen.

An manchen Tagen hat man ein besonders dichtes, ausgedehntes Kraftfeld. Da kann das beim Einatmen entstehende Feld den unteren Körperbereich des/der Übenden völlig umfassen. Falls eine Beschwerdestelle in der unteren Körperhälfte liegt, ist diese von vornherein durchströmt. Aber man bekommt eben nicht jeden Tag das reiche Kraftfeld geschenkt, das wünschenswert wäre.

Dann gibt es Tage, an denen das gewährte Energiefeld noch intensiver strömt. Zu solchen Zeiten ist es möglich, das Feld am Ende der Einatemphase, wenn die untere Körperregion bereits umhüllt ist, mit einem leichten inneren Schwenk nach oben zu schicken. Dann sind auch Oberkörper und Kopf vom Kraftfeld umschlossen. Der/die Meditierende sitzt in einem „Feld", das eiförmig ist, über den Körper hinausgeht und seine heilsame Wirkung im gesamten durchflossenen Bereich entfalten kann.

Es hängt also von der Intensität und Ausdehnung des Kraftfeldes ab, in welcher Weise und wie lange man z. B. einen schmerzenden Bereich vom Kraftfeld durchpulsen läßt.

Eine Verletzung, deren Heilung man intensivieren möchte, wird man entsprechend „beatmen" – und wahrscheinlich beschleunigt sich die Heilung. Eine in einem Organbereich vorliegende Schwäche wird durch das Durchströmtwerden gemildert oder möglicherweise geheilt. Im Oberschenkel kann eine Muskelzerrung quälen; das Kraftfeld kann seine Normalisierung beschleunigen. Genug der Beispiele!

Es ist wohl deutlich geworden, daß ein solches Heilgeschehen nicht mit der gleichen Sicherheit eingeplant werden kann wie eine medikamentöse Wirkung bei exakter Diagnose. Eine gewisse Grundförderung kann durch das Kraftfeld geschehen, aber intensive Heilwirkung ist nur als Möglichkeit auszusagen. Aber als Möglichkeit eben doch!

Im Kraftfeld treffen sich physische, psychische und aus dem Bereich des Unverfügbaren herrührende Schwingungen. Durch unser unermüdlich wiederholtes Bitten kann die göttliche Gegenwart um förderndes Wirken angesprochen werden; aber die erhoffte Heilung kann auch versagt bleiben.

Allerdings, vorzeitige Resignation ist nicht am Platze. Jesus Christus hat seinen Zuhörern mehrfach erläutert – etwa im Gleichnis vom ungerechten Richter –, daß der Vater zuweilen lang anhaltendes, intensives Beten erwartet, ehe seine heilsame Antwort erfolgt. Das kann z. B. bedeuten, daß man einen geschädigten Bereich eineinhalb Jahre lang bittend durchströmen läßt, ehe eine Heilung geschenkt

wird. Heilungen dürfen also nur erhofft, nicht etwa eingeplant werden. – Bei ernsthaften Schädigungen sollte überdies eine ärztliche Behandlung gleichzeitig erfolgen.

Eines sei noch hinzugefügt: Dieser Text wendet sich an
„Beginner" und solche Übende der Herzensmeditation, die
bereits einige Erfahrung gewonnen haben. Der Meister hat
durch jahrzehntelanges Meditieren ein anders strukturiertes
Kraftfeld erlangt. Er darf unter Umständen intensivere
Wirkungen erhoffen. Aber solche Erfüllung gilt auch nur
„möglicherweise". Der göttliche Geist weht, wo und wann
er will.

13.2. Beziehungsprobleme bei der Zweierbeziehung

An dieser Stelle soll am Beispiel von auf Dauer angelegten
Zweierbeziehungen, etwa der des Ehepaares, aufgezeigt
werden, wie in Krisensituationen solche Fehlentwicklungen der göttlichen Gegenwart anheimgegeben werden können. Dic Übertragung auf entsprechende Fälle in anderen
Beziehungen muß dem Leser überlassen bleiben.

A. Wilson Schaef, die bekannte amerikanische Psycho-
therapeutin, gibt eine konzentrierte Charakterisierung der
Beziehungssituation bei einem Paar in gefestigter Bindung:

Beide Partner haben die Beziehung zum eigenen Selbst
aufgenommen. Darunter versteht Wilson Schaef, daß beide
ihr „Verleugnungssystem" durchbrochen haben und daß
beide sich ihr individuelles Sosein mit Licht- und Schat-
tenseiten bewußtmachen.[1]

Zu solcher Individualität hat jeder Partner zu stehen: Für die eigene Persönlichkeit ist Verantwortung zu übernehmen; sie muß von jedem – gerade in der Zweierbeziehung – gewahrt werden.

Außerdem ist nach Wilson Schaef eine intakte Paarsituation geprägt durch die gegenseitige Relation, „welche zwei Menschen in ihrer Phantasie mit ihrem Partner haben."[2]

Diese Phantasievorstellungen zum Partner hin und zurück werden im geglückten Fall immer aufs neue an der Realität des anderen überprüft: Beginnende Fehlentwicklungen in der Einschätzung des anderen werden bewußtgemacht und korrigiert.

Bei solch gefestigter Beziehungssituation wird sich – nach Wilson Schaef – eine weitere Relation aufgebaut haben, die gegenseitige Liebe.

Ist eines oder sind beide der ersten beiden Beziehungspaare gestört oder blockiert, dann ist auch die Relation der Liebe zwischen den Partnern getrübt, geschädigt oder ganz vernichtet.

In der Beziehung zum Selbst wird es vor allem darum gehen, die berechtigten Ansprüche zu behaupten, die durch die eigene Persönlichkeit nahegelegt werden, damit diese Persönlichkeit auch in ihrer Eigenart erhalten bleibt. Dabei sind vor allem Bewußtmachung, Mut und Stehvermögen gefragt.

---

[1] Vgl. Wilson Schaef, A., 1993, S. 144/145.
[2] A.a.O., S. 144.

Reichen die eigenen psychischen Kräfte nicht aus, dann gilt entsprechend, was schon im Kapitel von der beschützenden Wirkung des Herzensgebetes gesagt wurde: Während der Herzensmeditation bitten wir die göttliche Gegenwart um die Stärkung von Selbstvertrauen und Kraft.

An dieser Stelle geht es mehr um die wechselseitigen, phantasiegeprägten Partnerbeziehungen, die durch unerwartete Belastungen gefährdet werden. Sie beeinflussen die Liebesbeziehung unmittelbar. Das geschieht vor allem dann, wenn der eine Partner eine Entwicklung beim anderen fehldeutet, sie emotional besetzt und sie in der Vorstellung und im Gefühlsbereich unkontrolliert wuchern läßt.

Vier Beispiele seien genannt:

Da hat der oder die eine vom Partner das Image des hilfsbereiten, ständig verständnisvollen Menschen aufgebaut. Das dazu im Widerspruch stehende Verwirklichungsstreben von eigenen Ansprüchen, das für den Partner unerwartet auftaucht, wird als Zumutung, möglicherweise als Verrat an der Zweierbeziehung aufgefaßt: „Wie kann man nur so hemmungslos egoistisch sein!"

In einem anderen Fall kann das plötzlich auftretende Interesse für eine dritte Person, sei es aus sachlichen oder persönlichen Gründen, beim Partner Eifersuchtsgefühle auslösen, die sich immer umfangreicher blähen und die Atmosphäre auf Dauer vergiften können.

Bei einem dritten Paar können Verhaltensweisen des einen, die den anderen als Persönlichkeit nicht ernst nehmen, ihn übergehen, tiefe Verletzungen des Selbstwertgefühls hervorrufen. Groll wird ausgelöst, der schließlich bergehoch anwächst. – Die Liebesbeziehung verkümmert.

In einem weiteren Beispiel kann das mit dem Älterwerden wachsende Ruhe- und Relaxe-Bedürfnis des einen beim Partner auf Unverständnis stoßen. Das sich verfestigt habende Bild von der stets um Wohnung oder Haus bemühten Ehefrau (oder des Ehemannes) zerbricht. Die Vernachlässigung der Lebensgemeinschaft wird erlebt: „Kann man mit so einem/r wirklich für den Rest des Lebens zusammenbleiben?"

Die Beispiele sind zahllos. Und wenn Therapeuten raten, mit dem/r anderen zu reden, die eigene, aus den Fugen geratene Phantasievorstellung an der Wirklichkeit des Partners auszurichten, einen tragfähigen Kompromiß zu schließen, so ist das sicher richtig.

Aber es gibt eben Fälle, wo der Groll sich durch Aussprachen nicht abtragen läßt, wo die intensive Enttäuschung über den anderen sich nicht verflüchtigt, die Eifersucht weiterhin die eigene Seele machtvoll umklammert, die geschehene Verletzung nach wie vor das eigene Seelengefüge auseinanderklaffen läßt.

Solche emotionalen Wucherungen engen den Blick auf die Vorstellungselemente ein, mit denen man das Bild des Partners neu zusammensetzen könnte. Es bleibt vergröbert, verzerrt: „Kann man mit so einem/r weiter zusammenleben?"

Vielleicht wissen nun beide, daß die von Bitterkeit durchtränkten Phantasievorstellungen vom anderen, keine Anbahnungsprozesse zulassen: Aus eigener Kraft kann kein neues Zusammengehörigkeitsgefühl erwachsen.

Die Konsequenz ist Trennung, Scheidung – oder endlich Gottes Hilfe einzubeziehen, möglicherweise im Herzensgebet: „Dann muß man noch nach anderem suchen: Gott unsere leeren Hände mit der rechten Kraft füllen zu lassen. Darin besteht die Dynamik des Vertrauens. So erfahre ich in der Schwachheit die Gegenwart und das Handeln des Herrn. Deshalb also das Jesusgebet, das Christus ganz in die Mitte unseres Menschseins stellt."[3]

Der Groll, die Verletzung, die Eifersucht, was es auch sei, sollte in die leeren Hände genommen werden. Und im Herzensgebet strecken wir unsere nun gramgefüllten Hände Gott entgegen. Was wir nicht mehr meistern können, das geben wir ihm vertrauensvoll anheim. Immer aufs neue rufen wir seine Hilfe im Namen Jesu Christi an: „Jesus Christus, erbarm' dich uns(er)!" und senken dabei unser Gebetswort tief in unsere Mitte ein.

Die Phantasievorstellung vom anderen kann eine andere emotionale Färbung gewinnen; das vermag die Christuswirklichkeit in einem Nu. Auf einmal wird wieder Offenheit möglich. Das aufarbeitende Gespräch kann in den Blick genommen werden. Wir bekommen wieder klare Sicht für die ganze Realität des Partners, einschließlich seiner/ihrer positiven Seiten. Die Phantasievorstellung zum anderen hin wird nun auch inhaltlich vom Wildwuchs gereinigt; an seine Stelle treten Elemente, die Zugewandtsein neu keimen lassen können.

Wenn zwei Partner in Dauerbeziehung gewohnt sind, miteinander zu beten, ist die Ausgangssituation in der Krise

---

[3] Lafrance, J., 1988, S. 86.

ungleich günstiger. Wer mit dem/r anderen betet, bleibt im Kernbereich in seiner/ihrer psychischen Nähe, auch wenn eigene Emotionen und die des Partners voneinander wegdrängen.

Dann ist es leichter, zusätzlich zum eigenen Herzensgebet, zu zweit die göttliche Gegenwart um Hilfe zu ersuchen. Und das Hilfe verheißende Wort Jesu gilt doch auch in solchem Fall: „... wo zwei oder drei versammelt sind in meinem Namen, da bin ich mitten unter ihnen." (Matth. 18; 20)

13.3. Leidenschaften und Süchte

Das gemeinsame Merkmal, das bei Leidenschaft und Sucht gegeben ist, ist die Intensität und Nachhaltigkeit innerer Strebungen, die über das normale Maß hinausgehen und auch dann auf Verwirklichung drängen, wenn schädigende Begleiterscheinungen bzw. Folgen abzusehen sind.

Im folgenden sollen keine psychologischen Definitionen versucht werden, wohl aber bestimmte Eingrenzungen, die verdeutlichen, welche psychischen Gegebenheiten eigentlich gemeint sind.

Es gibt Leidenschaften und leidenschaftliche Strebungen, die sich positiv auf den Einzelnen und auf die Gemeinschaft bzw. die Gesellschaft auswirken, wie etwa das leidenschaftliche Streben nach politischer Veränderung oder nach sozialer Gerechtigkeit o. ä. Solche Leidenschaften sind natürlich nicht gemeint, wenn sie sich zwar schwerpunktmäßig, aber doch das Gleichgewicht haltend, in das Persönlichkeitsgefüge des/r Betreffenden einordnen.

Gemeint sind vielmehr solche Leidenschaften, die bei ihrem nachhaltigen Drängen auf Betätigung, Realisierung usw. das Lebensziel oder das Sinngefüge der betreffenden Person schädigen oder zerstören. In den Schriften der Väter ist bei „Leidenschaft" manchmal „sexuelle Leidenschaft" gemeint. Und es ist einsichtig, daß die sexuelle Triebkraft dann als abzulehnende Leidenschaft eingestuft wird, wenn man sich als Mönch einem streng asketischen Leben verschrieben hat. Dabei ist dann noch gar nichts über die Bewertung solchen Drängens bei veränderten Sinn- und Wertgefügen ausgesagt.

Bei „Süchten" sind solche intensiv verinnerlichten Tendenzen gemeint, die geradezu zwanghaft die Einnahme bestimmter Substanzen wie Nikotin, Alkohol, Kokain, Heroin o. ä. fordern, um im Blutstrom eine gewisse Konzentration dieser Stoffe aufrechtzuerhalten. Damit sollen schwer erträgliche, schmerzhafte Entzugserscheinungen vermieden werden.

Im Sprachgebrauch ist auch von „Fernsehsucht", „Fußballsucht", „Computersucht", „Laufsucht" usw. die Rede. Aber solche Redeweise dramatisiert bewußt oder unbewußt. In solchen Fällen sollte besser von schädigenden Gewohnheiten gesprochen werden. Ihr Gefährdungspotential für die Person, die Familie, die Gesellschaft ist ungleich geringer als bei den „Süchten" im engeren Sinne.

Leidenschaften, die den Willen überwuchern, und einengende Süchte sind in ihren Verwirklichungszwängen so stark, daß die Entscheidungsfreiheit nicht mehr oder nicht in vollem Umfang gegeben ist. Die eigene Kraft reicht nicht mehr aus, sich aus ihren Verstrickungen zu lösen. Ihnen kann die Tendenz innewohnen, die ganze Person auszufüllen, sie schließlich zu zerstören.

In solcher Bedrängnis sagten die hesychastischen Väter den Leidenschaften, den übermächtig gewordenen Versuchungen den Kampf an. Wer nicht zugrunde gehen wollte, der mußte die „Fehde" annehmen und bestehen.

Dabei waren sie sich viel stärker als wir Menschen der Gegenwart des Umstandes bewußt, daß die letzte Ursache für die genannten Verstrickungen die widergöttliche Macht, personalisiert im „Feind", war. So warnt Makarios von Ägypten: „Die Anfechtungen des Bösen verfinstern den königlichen Verstand für Gott und lenken ihn auf Laster und Leidenschaften. Davon wird das Herz entzündet und an irgend etwas gefesselt."[4]

Theophan der Klausner äußert in ähnlichem Zusammenhang: „Durch Vielwisserei, Gewinnsucht und Genußsucht verstrickt uns der Teufel ... Er hat nur die eine Sorge – Herz, Wille und Bewußtsein des Menschen von Gott abzulenken und an irgend etwas anderes leidenschaftlich und ausschließlich zu fesseln."[5]

Wir Heutigen scheuen uns vor der Bezeichnung „Teufel". Das hat den Vorteil, daß allzu vereinfachende Vorstellungen, die damit verbunden sind, vermieden werden. Aber täuschen wir uns nicht, letztlich haben die Väter recht. Die widergöttlichen Kräfte sind nach wie vor am Werk. Vielleicht deckt heute eine Bezeichnung wie „Satan der Sinne" (Mac-Donald-Bayne) besser bestimmte Aspekte der Gegenmacht ab.

---

[4] Selawry, A., (Hrsgb.), 1986, S. 136.
[5] A.a.O., S. 137.

Über sinnenhafte, sinnliche Erlebnisse bis hin zur rauschhaften Ekstase versucht die Antimacht des Göttlichen, uns in den Griff zu nehmen – und, wie es scheint, gelingt dies mehr und mehr. Dabei wird diese Macht kaum noch als personhaft erlebt.

Für den, der den Kampf gegen die Sucht oder die Leidenschaft aufgenommen hat, ist es ganz wichtig zu erkennen, daß er/sie es wirklich nicht mehr aus eigener Kraft schafft, sich zu befreien. Erst dann wird er/sie sich völlig ins Gebet stürzen. Dann erst wird die Hilfe allein durch den im Herzensgebet angesprochenen Christus erfleht. Wenn überhaupt noch Rettung geschehen kann, dann allein durch ihn, der stärker ist als alle Gegengewalt: „Wer betet und den HERRN gegen … leidenschaftliche Regungen anruft, erblickt, wie sie vor dem furchtbaren Namen CHRISTI vergehen und erkennt die Macht und Hilfe GOTTES." Und weiter: „… der angerufene Name GOTTES (wirkt), ohne daß wir verstehen, was dabei vorgeht. Uns Schwachen ist es gegeben, uns an den Namen GOTTES zu wenden, und die Leidenschaften weichen vor IHM." (Warsonufij d. Große und Johannes, Philokaleia)[6]

Freilich, auch hier ist wieder der lange Atem gefordert, bis die Sucht oder die Leidenschaft völlig ausgemerzt ist. Chrisosthomus drückt es folgendermaßen aus: „Aber dies ist nicht das Werk eines Tages, sondern einer langen Zeit. Es braucht manchen Kampf und viel Zeit, um den Feind hinauszuwerfen und Christus einzuführen." Und: „… das Gedenken kann sie (die Feinde der Tugend) besiegen und teilweise ausrotten, indem der Name des Herrn Jesus

---

[6] Selawry, A., (Hrsgb.), 1986, S. 178.

Christus in die Tiefen des Herzens hinuntersteigt, dort den Drachen besiegt, der die Weiden besetzt hält, die Seele aber rettet und belebt."[7]

Die Väter warnen bei solchem existentiellen Befreiungskampf nur vor einem: sich eine Niederlage zu leisten, in dem einkalkulierenden Bewußtsein, daß Gott doch alles wieder vergeben wird. Solcher Versuch, die erbarmende Liebe Gottes im vorhinein in Rechnung zu stellen, kann wirklich gefährlich werden. Aber sonst gilt der Grundsatz: Wer aus Schwäche gefehlt hat, soll seine Niederlage bekennen und bereuen – und mit Gottes Hilfe weiterkämpfen. So sagt der hl. Isaak: „Nicht dann sollen wir trauern, wenn wir in irgendeinen Fehler gefallen sind, sondern dann, wenn wir darin verweilen."[8]

Vielleicht aber ist das, was die heiligen Väter als Süchte und Leidenschaften kannten, doch nicht vergleichbar dem, was einer erfährt, der harten Drogen verfallen ist?

Als die Rauschgiftwelle in den sechziger Jahren in die damalige Bundesrepublik herüberschwappte, kam – kurze Zeit danach – mit den „Jesuspeople" eine christliche Jugendbewegung auf, die sich besonders die Drogenbekämpfung aufs Panier geschrieben hatte. Zahlreiche „Spontanheilungen" sind damals geschehen – zum fassungslosen Erstaunen mancher Ärzte.

Diese jungen Jesuspeople hatten vielfach einen unkritischen und hingebenden Glauben. Man vertraute ganz ein-

[7] Rosenberg, A., (Hrsgb.), neu 1983, S. 75.
[8] Rosenberg, A., (Hrsgb.), neu 1983, S. 108.

fach einem solchen Wort Jesu aus dem Johannesevangelium: „Wenn ihr den Vater um etwas bitten werdet in meinem Namen, wird er's euch geben!" (Joh. 16; 23)

Wenn das Herzensgebet, immer wieder voller Not gesprochen, den Herzensgrund der betenden Person und das göttliche „Ohr" erreicht, gilt diese Verheißung Jesu auch heute.

13.4. Das Herzensgebet – heilbringende Hilfe im Alter

Wie es scheint, ist es mit dem Altwerden in Deutschland noch nie so gut bestellt gewesen wie in diesen Zeiten. Wer heute geboren wird, kann mit einer doppelt so großen Lebensspanne rechnen wie die vor einhundert Jahren Geborenen. Männer haben heute eine Lebenserwartung von 72,8 Jahren, Frauen von 79,3 Jahren.[9]

Dem steht allerdings gegenüber, daß die geistige und psychische Situation vieler Alten nicht befriedigen kann.

Nach Untersuchungen aus den Jahren 1977 bis 1984 konnte damals bundesweit bei den über 65jährigen mit einem Gesamtanteil von ca. 25 % an psychisch Erkrankten ausgegangen werden.

Eine neuere Untersuchung (1993) ergab, daß von den psychisch Kranken der gleichen Altersgruppe etwa 48 % an depressiven Symptomen und psychischen Affektionen,

---

[9] Vgl. Nakielski, H., S. 88, KDA (Hrsgb.), 1996.

etwa 27 % an Hirnleistungsstörungen (darunter „Alzheimer") litten.[10]

Andere psychische Erkrankungen im Alter, die gehäuft auftreten, sind Neurosen, Angstzustände, endogene Psychosen, Verwirrtheiten.[11]

Die Angaben über den Anteil der psychisch Erkrankten in Heimen schwanken zwischen 20 und 75 %. Bei diesen Zahlen ist jedoch zu berücksichtigen, daß von unterschiedlichen „Klassifikationsmodellen" (Kuratorium Deutsche Altershilfe) ausgegangen wurde und daß deshalb unterschiedliche Ergebnisse zu erwarten waren. Jedenfalls bleibt die beklemmende Tatsache bestehen, daß ein Großteil der Altgewordenen, ob sie in Heimen leben oder sich noch in der alten Wohnung befinden, unter psychischen Erkrankungen leidet.

Natürlich gibt es auch Erklärungen dafür: Tod des Lebenspartners, mangelnde soziale Kontakte, gesundheitliche Behinderungen, schlechte ökonomische Lebensbedingungen, das Umweltklima usw. Die Frage ist nur, ob solche Erklärungen ausreichen, um das Ausmaß der psychischen Leiden zu rechtfertigen.

Hier ist nicht der Ort, um die äußeren Lebensverhältnisse der Altgewordenen anzuklagen, etwa die zu geringe Zahl der Einzelzimmer in Heimen oder die zu geringe Altersrente von Frauen.

Und wenn es auch richtig ist, daß man jemanden mit schlechten Wohnbedingungen „erschlagen" kann, so ist

---

[10] Vgl. Schweitzer, H., S. 162, KDA (Hrsgb.), 1996.
[11] Vgl. a.a.O., S. 162.

es genauso richtig, daß eine(r) in einer feudalen Seniorenresidenz innerlich zugrundegehen kann. – Wir beschränken uns an dieser Stelle auf die zweite Blickrichtung.

Hilfe tut not, um wenigstens einen Teil der von Resignation und Depression bedrohten oder eingeholten Altgewordenen mit neuem Lebensmut zu erfüllen.

Wenn der Name „Jesus" nicht nur bedeutet, daß der damit angesprochene Gott rettet und heilmacht, sondern daß der allmächtige Gott dies tatsächlich geschehen läßt, wenn Er den Zeitpunkt dazu für gekommen sieht, dann ist der hinfällige geistige Zustand des/r Altgewordenen nichts Endgültiges. Dann ist auch für den/die Depressive(n) noch nicht das letzte Wort gesprochen. Die göttliche Gegenwart kann mit neuem Lebensmut erfüllen, kann neue Lebenskraft schenken: „Wenn der Heilige Geist die Menschenseele überschattet, schenkt er ihr Leben und Unsterblichkeit und erhebt die am Boden Liegende." (hl. Basilius)[12]

Diese Erkenntnis der Altvorderen ist doch auch wahr für Altgewordene und Schwermütige von heute.

Allerdings bedarf es der Mithilfe durch die Angehörigen, damit bei denen, die dafür offen sind, über das Herzensgebet Sinnfindung im letzten Lebensabschnitt, zuversichtliche Gestimmtheit, friedliche Auseinandersetzung mit dem nun in Sichtweite gekommenen Sterben geschehen kann.

---

[12] Rosenberg, A., (Hrsgb.), neu 1983, S. 130.

Wie schön wäre es, wenn besuchende Angehörige aus dem einfachen, ehrwürdigen Text „Aufrichtige Erzählungen eines russischen Pilgers" dem/r Besuchten einen Abschnitt vorlesen würden. Ein Gespräch könnte sich anschließen, und dann würde im Zimmer des Altenheimes oder im Wohnzimmer des/r Alleinlebenden das Herzensgebet eine Zeitlang gemeinsam gesprochen.

Es gibt bei den sehr Betagten manchmal Hindernisse, von denen wir, die wir – noch – draußen im Leben stehen, nichts ahnen. Da kann das Behaltevermögen so weit abgebaut sein, daß das Gebetswort „Jesus Christus, erbarm' dich mein(er)" immer wieder vergessen wird. Dann sollte man mit Langmut und Verständnis immer aufs neue den Text erinnern – oder den bloßen Namen „Jesus Christus" als Gebetstext vorschlagen. Der kann nun langsam, mit dem eigenen Kummer bepackt, wiederholend, im Atemrhythmus gesprochen werden. – Auch dann, wenn der Besuch längst wieder gegangen ist.

In manchen Fällen mag es sinnvoll sein, eine aufgeschlossene Schwester oder einen freundlichen Pfleger darum zu bitten, den/die vergeßlich Gewordene(n) mehrmals am Tage an das Herzensgebet zu erinnern.

Es gibt noch Hilfsbereite in den Heimen, aber ein wenig Überwindung gehört auch von unserer Seite dazu.

Wer das Herzensgebet übt, der gerät in besonderer Weise in das Blickfeld des „Himmels"; und die Christuswirklichkeit gibt Resonanz, auf welche Weise auch immer.

Das ist gerade dann für eine(n) unerhört bedeutsam, wenn er/sie ganz ohne Außenkontakte leben muß. Zu spüren, daß die göttliche Gegenwart für einen da ist, zu erfahren, daß sein/ihr Herzensgebet für diese Gegenwart einen gar nicht abzumessenden Wert hat, das ermöglicht sinnvolles Leben auch dann noch, wenn man nicht mehr gehen kann, vielleicht sogar ans Bett gefesselt ist.

Die hesychastischen Väter wußten, daß nicht die Zahl der gesprochenen Gebete, sondern die dabei dem Adressaten dargebrachte Zuwendung entscheidend ist. Und wer dürfte eher zu solch dankbarem Zugewandtsein fähig sein als ein Betagter oder eine Behinderte, der/die sonst kaum mitmenschliche Kontakte hat.

Jesus Christus jedenfalls macht den Eingeschränkten ausdrücklich Mut, sich an ihn zu wenden: „Kommet her zu mir alle, die ihr mühselig und beladen seid; ich will euch erquicken."

Solche Zusage birgt Hoffnung, stärkt den Gebetswillen, kräftigt die Seele. Die Väter drückten das Gemeinte ganz anschaulich aus, wenn sie sagten: „Die Gebete sind gewissermaßen die Sehnen der Seele. Wie aber der Leib durch Sehnen zusammengefügt und zusammengehalten wird und dadurch besteht, lebt und stark ist, …, ebenso wird durch das Gebet die Harmonie der Seelen gewonnen und gefestigt …". (Chrisosthomus)[13]

Wer mit dem Herzensgebet umgeht, für den gibt es eigentlich keine Langeweile mehr. Man kann es überall und zu jeder Zeit wiederholen. Je mehr man in dieses Gebetsvorhaben hineinwächst, umso innerlicher wird es, und der Himmel hilft dabei, unser Gebet immer mehr nach innen sprossen zu lassen. Dabei nimmt auch die Befriedigung stetig zu.

---

[13] Rosenberg, A., (Hrsgb.), neu 1983, S. 59.

Und dann ist der nächste Schritt nicht mehr fern, wo der Heimbewohner oder die allein Lebende sagt: „Ich kann doch auch für meinen Anverwandten beten, der mich regelmäßig besucht oder der mich nicht besuchen kann, weil er zu weit entfernt wohnt: ‚Jesus Christus, erbarm' dich sein(er)‘ oder ‚Jesus Christus, erbarm' dich ihr(er)‘."

Auf diese Weise kann man für liebe Verwandte und Bekannte Gutes in die Wege leiten. Dazu ist man keineswegs zu gebrechlich, zu alt. Solches Wissen bringt zusätzlichen Lebensmut.

Und wie erfahren die Altgewordenen und Behinderten, die keiner mehr besucht, vom Herzensgebet?

Die Ausbildung von Altenpflegern/innen, soweit sie von den Kirchen oder den christlichen Religionsgemeinschaften verantwortet wird, müßte eine Einführung in das Herzensgebet mit einschließen. Wieviel Leid könnte gemildert werden, wenn solche Betreuer die am Herzensgebet Interessierten zu kleinen Gruppen zusammenfaßten und regelmäßig mit ihnen übten und beteten. Nach einiger Zeit könnte eine(r) der Betagten die Verantwortung für solch eine Zweier- oder Dreiergruppe übernehmen.

Nach Einübung könnte auch in Heimen ohne Betreuung weitergeübt werden. – Wieviel Einsamkeit könnte abgetragen, welcher Segen könnte erbeten werden!

Solche Gruppenaktivität mit dem Herzensgebet ist möglich. Der Verfasser ist einer Schweizerin begegnet, die ehrenamtlich vier Altersheime in der Schweiz betreut. Mit den dafür Aufgeschlossenen bildet sie in jedem Heim eine Gruppe, die das Herzensgebet pflegt.

Wer auf solche oder eine andere Art mit dem Herzensgebet verbunden ist, für den wird das Leben als Behinderte oder als Heimbewohner weiterhin belastend bleiben. Aber das Leben wird eine neue Sinndimension gefunden haben.

Die damit erschlossene Beziehung zur göttlichen Gegenwart ist ein Grundwert, der keinem/r Altgewordenen oder Behinderten genommen werden kann. Vielmehr könnten gerade die gebrechlich Gewordenen ein Ahnen davon gewinnen, vielleicht sogar die innere Gewißheit, daß ihr Leben auf eine neue Zukunft hingeht, in der die Teilhabe am Reich Gottes die Schmerzen und das Leid dieser Welt vergessen lassen wird.

14. „Siehe, wir ziehen hinauf gen Jerusalem" – Besondere Wegstrecken und Hemmnisse

14.1. Das Herzensgebet – Chance für den Glauben

Manchmal werden Menschen durch Schicksalsschläge aufgeschreckt. Oder es hat sich ein ernsthaftes, unter die Haut gehendes Gespräch ergeben. Auf einmal sind Interesse, Offenheit für religiöse Fragestellungen vorhanden; vielleicht wird unvermutet der christliche Glaube als eine Grundhaltung erkannt, der man sich annähern könnte.

Aber junge und ältere Menschen, die sich in unseren Tagen mit Fragen und Antworten zum christlichen Glauben auseinandersetzen wollen, haben es nicht leicht. Vielfach fehlt in den Ortsgemeinden die lebendige Christengemeinschaft, die sich freudig solcher Suchenden annimmt. Die Pfarrer sind häufig mit ihren regelmäßig anfallenden Arbeiten ausgelastet.

Bei den Religionsgemeinschaften und den Freien Kirchen sieht es besser aus. Dort wird der an religiösen Fragen Interessierte häufig mit offenen Armen aufgenommen. Man hofft, in dem/r Neuen ein zukünftiges Gemeindeglied zu sehen.

Was bleibt für denjenigen/diejenige, die in ihrer Gemeinde nicht die wünschenswerte Aufgeschlossenheit für ihre Fragen finden, die auch nicht mit den am Ort befindlichen Religionsgemeinschaften einig gehen wollen? Vielleicht steht bei dem/r Suchenden das Bedürfnis nach motivierender Glaubenserfahrung im Vordergrund.

Wer entweder zum ersten Mal mit dem christlichen Glauben Ernst machen will oder ein weiteres Mal einen wirklichen Anlauf nehmen möchte, seine Taufe im Leben Gestalt werden zu lassen, dem sei das Gebetsvorhaben des Herzensgebetes empfohlen.

Es kommt also darauf an, den *Wunsch* zu haben, an diesen Jesus Christus zu glauben. Wer dies bejaht, sollte sich getrost auf den Weg des Herzensgebetes begeben und sich offenhalten für das, was ihm/r unterwegs begegnet.

Möglicherweise sagen Sie sich: „Vielleicht hat sich der allmächtige Gott in diesem Jesus in ganz besonderer Weise offenbart, so daß in dessen Leben und Wirken etwas vom Wesen des Vaters anschaubar wird.

Wenn ich diesen Weg gehe, wird sich mir solches erweisen. Falls dies nicht geschieht, obwohl ich ein gutes Stück auf diesem Pfad geschritten bin, werde ich einen anderen Zugang versuchen."

Wer den Schritt zum Glauben über das Herzensgebet versuchen möchte, beginnt mit der ersten Stufe des Herzensgebetes, also zum Beispiel mit dem Text „Jesus Christus, erbarm' dich mein(er)!" Morgens und spätnachmittags oder abends sollte dieses Wiederholungswort, jeweils fünfzehn Minuten lang, dem möglichen Adressaten zugewandt, langsam gesprochen werden. Im Laufe des Tages sollte das Wort in den Pausen, in den Freiräumen zusätzlich geübt werden.

Die erste Erfahrung, die Sie machen werden, ist voraussehbar. Sie werden feststellen, daß eine solche Formel, auch wenn sie immer aufs neue wiederholt wird, nicht langweilt. Sicher, die Gedanken werden auch abschweifen. Falls Sie

sie sanft zurückholen, sie wieder auf die Aussage des Gebetswortes richten, kommt eher Befriedigung auf.

Es sei wiederholt, daß selbst der tausendfach gesprochene Gebetstext nicht selbsttätig Glauben schafft. Doch für den Menschen, für den der Glaube an Jesus Christus ein erstrebenswertes Ziel ist, wird die Gebetsformel zur Bitte, dieser möglicherweise noch heute wirkende Christus möge sich seines/ihres Unglaubens annehmen, ihn wandeln zum Glauben hin.

Dann wird jedes gesprochene Gebetswort zum suchenden Anklopfen an die Herzenstür, hinter der die göttliche Gegenwart sich finden lassen will. Jesus sagt doch ausdrücklich: „Suchet, so werdet ihr finden, klopfet an, so wird euch aufgetan!"

An dieser Stelle wird ein besonderer Vorzug des Herzensgebetes sichtbar: Wann immer das Bedürfnis dazu vorhanden ist, zu „suchen" und „anzuklopfen", können Sie sich in das Gebetswort hineinbegeben.

Beim „Umgehen" mit dem heiligen Wort kann es sein, daß Sie spüren, die angerufene Christuswirklichkeit rührt Sie an: Ich bin da, Du bist da.

Es kann eine Hilfe eintreten, von der Sie wissen, daß sie sich ohne das Bitten im Herzensgebet nicht ereignet hätte. Vielleicht auch war Ihr Gebetswort ein starker Schutz in schwieriger Situation.

Entscheidend ist, daß Sie erste Erfahrungen mit dem Herzensgebet machen, die Sie sicher sein lassen, mit dem Wiederholungsgebet nicht allein geblieben zu sein. Dadurch bekommt der Glaube erste Stützen, an denen er ranken und wachsen kann.

Gut wäre es, wenn Sie nun eine Meditationsgruppe fänden, die sich um die Herzensmeditation sammelt. Es gibt einige Pfarrer/innen, manche Priester, die die Herzensmeditation weitergeben. Manche private Meditationslehrer/innen, die außerhalb der Gemeinde oder an ihrem Rande tätig sind, gehen mit ihren Schülern den Weg des Herzensgebetes. – Lesen Sie dazu „Begleitende Maßnahmen, zweiter Teil" in diesem Text!

Es sei empfohlen, auf die Veranstaltungspläne von Meditationszentren, von Klöstern und Begegnungsstätten zu achten. Manchmal sind Kurse zur Herzensmeditation unter dem Stichwort „Kontemplation" zu finden. Bei solchen Kursen sind die Einzelgespräche mit den Leitern besonders wichtig. Hier kann man in gedrängter Kürze die Fragen stellen, die anderswo keine Antwort gefunden haben.

Vergessen Sie nicht die regelmäßige Bibellektüre! In den Abschnitten „Begleitende Maßnahmen, erster Teil" und „ – dritter Teil" war dazu Informierendes gesagt. Und – lassen Sie in der Konsequenz des täglichen Übens mit dem Herzensgebet nicht nach! Die hesychastischen Väter wußten, was das Wichtigste ist, wenn man „Beginner" auf dem Wege ist: „Hefte dich also, ohne nachzulassen, an den Namen unseres Herrn Jesus Christus, …" „… bis der Name des Herrn im Innersten des Herzens eingepflanzt ist …" (Chrisosthomus)[1]

---

[1] Rosenberg, A., (Hrsgb.), neu 1983, S. 75.

14.2. „Wüstenzonen"

Nehmen wir einmal an, Sie sind auf dem Wege des Herzensgebetes geblieben, üben mit der dritten Stufe des Herzensgebetes und der Herzensmeditation. Sie wissen, beim Sitzen stellt sich normalerweise ein Kraftfeld ein. Es kann Sie und Ihren physischen Körper zum Teil oder vollständig durchformen; seine heilmachende Wirkung ist spürbar.

Wenn die Stärke des Kraftfeldes allmählich nachläßt, dann nehmen Sie an einem mehrtägigen Kursus zur Herzensmeditation teil, das Kraftfeld ist dann wieder in früherer Stärke vorhanden. Sie rechnen mit einer zügigen und positiven Entwicklung auf dem Wege des Herzensgebetes.

Auf einmal ist dies alles anders. Das Herzensgebet wird mühsamer, die Meditation ist nicht mehr der Ort selbstverständlicher spirituell-physischer Förderung.

Das Energiefeld ist – ohne daß Sie einen Grund dafür angeben könnten – schwach geworden. An manchen Tagen scheint es gar nicht mehr vorhanden zu sein. Das Sitzen wird zu einer mühsamen Übung: Sie sind auf dem Wege an einer „Wüstenzone" angekommen, die Sie zu durchschreiten haben.

Wenn Sie jetzt einen Kursus zur Herzensmeditation belegen, kann es sein, daß anschließend nichts gebessert ist: Die Wüstenstrecke hält an.

In solcher Situation ist es wichtig zu wissen, daß die meisten Übenden solche trockenen Wegstrecken zu bewältigen haben. Die zeitliche Länge ist individuell verschieden, die „Trockenheit" der Zone, die sich im Grade der abnehmenden Stärke des Kraftfeldes zeigt, ebenfalls. Nun gilt es zu „rudern" (W. Massa), wo früher ein kraftvoller Wind das Meditationsboot durch das Wasser schob.

Jetzt sind Aufmerksamkeit und Wachsamkeit beim Üben besonders gefordert. Erstere wird sich im heiligen Wort sammeln und intensiv die Mitte des Herzens anspüren. Die Wachsamkeit sollte in dieser Phase immer wieder kontrollieren, daß der Atem wirklich nicht „gemacht" wird. Es könnte zwar für eine gewisse Zeit so scheinen, als würde das Kraftfeld durch das Führen des Atems gestützt, aber für die Herzensmeditation ist dies nicht der richtige Weg.

Wir lassen nach wie vor den Atem gehen, wie er will. Wir geben nur insofern eine gewisse Strukturierung, als wir das Gebetswort in der gewohnten Aufteilung in das mit dem Atem schwingende Restkraftfeld hineingeben.

Das Zugewandtsein zur göttlichen Gegenwart kann in dieser Zeit die Bitte mit aufnehmen, das Energiefeld wieder stärker werden zu lassen.

Der/die Übende hat die Möglichkeit ins Auge zu fassen, daß die Wüstenzone monatelang, vielleicht noch länger anhält. Nun wird sich offenbaren, ob das Herzensgebet schon tiefere Wurzeln geschlagen hat: Verdorren die in einer schmalen Erdschicht befindlichen jungen Triebe, oder werden sie durch das Herzenswort am Leben erhalten, bis vielleicht ein unvermuteter Landregen Boden und Wurzeln neu feuchtet?

Wegen der damit verbundenen Mühsal scheint es gerechtfertigt, solche Trockenperioden den „Prüfungen" der Väter einzuordnen. So sagt der hl. Markus: „Jede Prüfung zeigt die Neigung des Willens an, ob er sich nach rechts wende oder nach links. Daher wird auch die Bedrängnis, die über einen kommt, Prüfung genannt, weil sich darin dem Geprüften der Beweis seiner geheimen Willensrichtung offenbart."[2]

Der hl. Isaak sieht in solchen Erprobungen eher die Chance inneren Wachstums: „Es gibt niemanden, dem die Zeit des Einübens nicht schwer würde, und niemanden, dem die Tage nicht bitter wären, da er das Aufhören der Prüfungen herbeisehnt. Aber ohne sie kann keiner eine kräftige (geistige) Gesundheit erlangen."[3]

Die angeführten Stimmen der Väter machen deutlich, daß solche Wüstenzonen besondere Bedeutung haben. Zum einen soll sich der/die Übende bewußtwerden, ob er/sie wirklich den Weg des Herzensgebetes konsequent gehen will; zum anderen soll die Belastbarkeit gestärkt werden, wobei die neue Festigkeit durch intensiveres Üben gewonnen wird.

Dieser Abschnitt soll abgeschlossen werden mit einer Äußerung einer heutigen Meisterin des Herzensgebetes: Wenn eine solche Wüstenzone besonders trocken und anhaltend ist, so ist dies ein Hinweis, daß Gott mit dem/der Betreffenden noch etwas Wichtiges vorhat. (Nach Br. A. Müller)

---

[2] Rosenberg, A., (Hrsgb.), neu 1983, S. 48.
[3] A.a.O., S. 49.

14.3. Persönlichkeitsarbeit auf dem Wege

Sie sind den Weg des Herzensgebetes weitergegangen. Sanfte Hügel, leichte Senken waren zu überqueren bzw. zu durchschreiten. Doch seit einiger Zeit haben Sie den Eindruck, auf der Stelle zu treten. Eher sieht es danach aus, als ob Sie gehend zurückgetrieben werden. Möglicherweise spüren Sie, daß Ihre psychische Situation für solches Hemmnis verantwortlich zu machen ist.

Wer in entsprechender Lage eine(n) Erfahrene(n) des Herzensgebetes mit den wünschenswerten psychologischen oder psychotherapeutischen Kenntnissen erreichbar weiß, der sollte dies wahrnehmen. Wenigstens für ein langes Telefongespräch müßte Gelegenheit sein.

Aber solche kompetenten Menschen sind selten – und nicht immer anzutreffen.

Als zweitbeste Möglichkeit bietet sich die Selbsthilfe an. Falls Sie wissenschaftsorientiert vorgehen wollen, ist unter Umständen C. G. Jung die richtige Adresse. Seine „Schatten"-Theorie könnte weiterhelfen. Vielleicht finden Sie bei der Auseinandersetzung mit ihr verdrängte Triebe oder Triebanteile heraus, die die Ursache sein könnten für Ihre derzeitigen Schwierigkeiten.

Hier soll etwas ausführlicher auf eine andere Möglichkeit eingegangen werden, mit einfachen Mitteln selbständige Persönlichkeitsarbeit zu leisten. Bewährt hat sich als Grundlage für die Selbsterkenntnis, aber auch als charakterkundliche Basis für Begleitungsgespräche im seelsorgerlichen Raum, das sogenannte „Enneagramm".[4]

---

[4] Vgl. Rohr, R./Ebert, A., 1997.

Es bietet in seinem Hauptteil eine Charaktertypologie, die auf jahrtausendealtes, lange Zeit lediglich mündlich überliefertes, bewährtes Wissen zurückgeht.

Diese Typologie faltet sich in neun verschiedene Persönlichkeitsschemata aus. Eines dieser Schemata trifft auf Sie am ehesten zu, d. h., eines von ihnen hat einen solchen inhaltlichen Aufbau und eine solche Schwerpunktsetzung, daß es Ihre individuelle charakterliche Ausformung weitgehend erfaßt. Dieses auf Sie am ehesten zutreffende Schema wählen Sie für sich aus.

Nehmen wir an, Sie erkennen, daß Sie nach dieser Einteilung eine „Eins" sind. Die psychische Struktur dieses Typs mit den zugehörigen Fehlhaltungen ist unter dieser „Eins" zu finden. Die Hauptschwäche, die „Wurzelsünde" dieses Typs, ist der Zorn. Er baut sich vielfach über den Ärger an der unvollkommenen Welt auf. Pharisäerhafte Einstellung, moralisierendes Besserwissen, übergroße Empfindlichkeit und die Tendenz, egoistische Handlungsantriebe zu überhöhen, sind weitere strukturelle Schwächen.

Mit einem solchen Schema ist nun ein Raster gegeben, den Sie an Ihre eigene psychische Beschaffenheit anlegen können, um herauszufinden, ob eine dieser Einstellungen bei Ihnen gegenwärtig dominant ist und das Weggeschehen belastet.

Für jeden der neun Typen ist im Enneagramm ein „Dilemma" zusammengestellt, welches die typenspezifischen Gefährdungen auflistet, die u. a. den Energiefluß von der göttlichen Gegenwart zu Ihnen hin hemmen könnten. Insbesondere werden solche charakterlichen Prägungen benannt, die in besonderem Maße mitmenschliche Beziehungen belasten können oder zu unangemessenen Aktionen bzw. Reaktionen im Konfliktfall führen können. Täuschen wir uns nicht: Gewichtiges Fehlverhalten in diesen Bereichen vermag ebenfalls die Beziehung zur göttlichen Gegenwart zu beschweren oder zu blockieren.

Schauen Sie zusätzlich Ihre aufgezeichneten Träume aus den letzten Wochen daraufhin durch, ob Sie einen Hinweis entdecken, der auf eine aktuelle psychische Fehlentwicklung hindeutet.

Auch wenn es schmerzt, blicken Sie die herausgefundene Fehlhaltung voller Aufmerksamkeit an, und wenden Sie sich in vertrauensvollem Zugewandtsein an die göttliche Gegenwart. Schalten Sie Ihre Wachsamkeit noch einmal ein, ob Sie auch die ganze Schwäche, die ganze Emotion bereit sind anheimzugeben. Bitten Sie im Herzensgebet um den Beistand Christi. Seine vom Vater durchwirkte Kraft vermag es, unangemessene Emotionen, Blockaden, Fehleinschätzungen u. ä., die in unserer psychischen Gegebenheit ihre Quelle haben, aufzulösen oder auf das förderliche Maß zurückzuführen.

Möglicherweise geschieht die Hilfe schnell, unter Umständen aber werden Sie Ihrer Wachsamkeit für lange Zeit den Auftrag erteilen müssen, stetig das innerpsychische Geschehen zu beaufsichtigen. Wenn die Situation wieder „akut" wird, bitten Sie immer aufs neue mit dem Herzensgebet.

Arbeit an der eigenen Persönlichkeit gehört zu jeglichem meditativen Prozeß. Das Besondere am hier aufgezeigten Wege ist, daß mit dem „Enneagramm" ein brauchbares

Instrument an die Hand gegeben ist, mit dem man den eigenen Schwächen und typischen Geneigtheiten auf die Spur kommen kann.

Ungleich wichtiger aber ist das zweite: Wenn wir spüren, daß unsere eigene Wandlungsfähigkeit nicht ausreicht, unsere charakterliche Prägung zu überwinden, wenden wir uns der göttlichen Hilfe zu und vertrauen ihrer Stärke.

14.4. Ein neues Wegstück wird beschritten

Auch wenn wir nun schon längere Zeit mit der dritten Stufe des Herzensgebetes üben, die Herzensmeditation regelmäßig den Tag einleitet und die Nachmittagsphase ausklingen läßt, so bedarf es noch immer der Willensanstrengung, das Wiederholungswort zu „sprechen". Allmählich ist zwar unsere Belastungsfähigkeit für das Gebet gewachsen; aber wenn wir an manchem Abend Resumée ziehen, dann müssen wir zugeben, daß das Herzensgebet nicht den Raum eingenommen hat, der möglich gewesen wäre.

Vielleicht nehmen wir uns vor, an den nächsten Tagen konsequenter zu sein.

Und dann kommt auf einmal ein Tag oder eine Nacht heran –, und wieder einmal ist alles anders. Plötzlich ist ein intensives Kraftfeld da, das mühelos dahin geführt werden kann, wo Schmerzen und Behinderungen der Zahl der zurückgelegten Jahre Ausdruck geben. Die heilmachende Wirkung wird intensiv spürbar. Beim Sammeln des Gebetswortes in der Personmitte, im „Herzen", taucht Freude auf, die nach und nach den ganzen inneren Menschen erfaßt. Man fühlt sich befreit und leicht.

Ja, solches Erleben könnte gemeint sein, wenn der „Mönch der Ostkirche" sagt: „Hinzu kommt, daß uns die Anrufung des Namens selten in einem Zustand der Trockenheit läßt. Die etwas Erfahrung darin besitzen, stimmen überein, daß sie sehr oft von einem inneren Gefühl der Freude, der Wärme und der Helligkeit begleitet wird."[5]

In wesentlich gesteigerter Form erfährt der „Russische Pilger" solches Wohlbefinden. Ihn erfüllt die gottgeschenkte Wonne so übermächtig, daß er auch die ihn umgebende Natur als christusgeprägt erlebt: „... das Herzensgebet erfüllte mich mit solcher Wonne, daß ich nicht glaubte, es könne jemanden auf der Welt geben, der glücklicher wäre als ich, ... Dieses fühlte ich aber nicht nur im Inneren meiner Seele, sondern auch die ganze Außenwelt erschien mir wunderbar schön, und alles verlockte mich zur Liebe und zum Dank gegen Gott; Menschen, Bäume, Pflanzen, Tiere, alles war mir unsäglich vertraut, und an allem sah ich das Abbild des Namens Jesu Christi."[6]

In der nächsten Zeit braucht es keine Anstrengung mehr, das Gebetswort innerlich zu sprechen. Die Freude bleibt, sie motiviert. Das gesamte Lebensgefühl ist gesteigert; voller Dankbarkeit gehen wir ins Herzensgebet, wann immer sich die Gelegenheit bietet.

Aber allmählich klingt die Freude ab, der Alltag holt uns wieder ein. Ein wenig wehmütig denkt man an die vergangene „Hoch"zeit zurück.

Eine Möglichkeit, sich für den vorher geschenkten Zustand neuerlich und für den weiteren Weg zu bereiten,

---

[5] Mönch der Ostkirche, 1989, S. 25.
[6] Jungclaussen, E., (Hrsgb.), neu 1974, S. 115/116.

ist, die förderliche „innere Disposition" (Theophan) zu schaffen. Wir vermögen es nicht, die göttliche Gnade zu beeinflussen; doch können wir mögliche Hindernisse ausräumen, indem wir die uns fesselnden Bindungen an die diesseitige Welt lockern. In einem zweiten Schritt können wir uns bewußt mit unserem Sein der göttlichen Gegenwart zur Verfügung stellen: Hingabe an die Christuswirklichkeit. Unser Hoffen vertrauen wir aufs neue dem Herzensgebet an.

Theophan der Klausner drückt das Gemeinte folgendermaßen aus: „Diese innere Disposition besteht darin, durch die Übung des Jesusgebetes in der Gegenwart Gottes zu wandeln. Gleichzeitig ..., muß (man) aufhören, sich selbst irgendwie zu suchen, ... und dabei das ganze Leben – innerlich und äußerlich – in die Hände Gottes legen."[7]

Fr.-X. Jans formuliert: „Wenn wir in SEINE Schwingung in völliger Hingabe eintauchen, erfahren wir Heilung, werden wir ‚heil'."[8]

Es kann sein, daß sich das „Heil-Werden" in unerwarteter Weise zeigt. Vielleicht erfährt unser Glaube eine Intensivierung, vielleicht werden wir in größerem Maße befähigt, unsere Aufgabe wahrzunehmen. Es ist auf dieser Wegstrecke möglich, daß uns die Kraft dazu in ganz augenfälliger Stärke zufließt. Und die Freude weitet sich neu aus und umgreift das jeweilige Tun, das uns von der göttlichen Gegenwart zugeteilt ist.

---

[7] Starez Theophan, neu 1989, S. 190.
[8] Vonzun, L./Jans, Fr.-X., 1996, S. 127.

Wenn sich bei der Verwirklichung unserer Aufgabe Erfolge einstellen, ist es wichtig, mit beiden Füßen auf der Erde zu bleiben.

Wir sind nach wie vor der/dieselbe, doch sind wir reicher beschenkt, als wir es vorher waren. Die Altvorderen bemühten sich in solcher Situation besonders um die Haltung der Demut. An dieser Bezeichnung muß man nicht festhalten, der innere Gehalt ist weiterhin gültig: Wir sollten uns vor Augen führen, wie abhängig wir von der göttlichen Kraft- und Freudenquelle sind. Aus uns selbst vermögen wir nichts. Solches Bewußtsein macht bescheidener – gegenüber Gott, gegenüber unseren Mitmenschen.

Bei der Gebetsübung bleiben wir in der inneren Einstellung, die durch Aufmerksamkeit, Wachsamkeit und Zugewandtsein zur göttlichen Gegenwart gekennzeichnet ist. Die Intensität des Zugewandtseins ist auf diesem Wegstück gewachsen.

So froh wir unseren jetzigen Wegabschnitt durchmessen, wir wollen weiter vorankommen, an Höhe gewinnen.

Theophan der Klausner sagt uns, worauf wir dabei zu achten haben: „Ihr sollt euch einzig darum Sorge machen, die Gewohnheit zu erwerben, mit Aufmerksamkeit fest beim Herrn zu bleiben, … Diese Gewohnheit … erfüllt die Seele mit der Empfindung vollkommenen Glückes, … Sie läßt uns mit Vertrauen uns selbst und alles Unsrige in die Hände des Herrn geben und schenkt uns die Gewißheit seines Schutzes und seines dauernden Beistandes."[9]

---

[9] Starez Theophan, neu 1989, S. 78/79.

14.5. Die Silhouette der Goldenen Stadt steigt herauf – Gespräch mit dem Starez Basilius

Wir sind dem „Weg des Herzensgebetes" weiter gefolgt, der uns über Ebenen, durch Täler, über Erhebungen, aber auch durch Abgründe geführt hat. Wüstenzonen und besonders fruchtbare Regionen waren zu durchqueren, aber letztlich sind wir immer weiter nach oben gelangt.

Bei der einen oder anderen Station haben wir etwas von unserem „Marschgepäck" zurückgelassen, um leichter voranzukommen. In der Ferne tauchen die Konturen der Begrenzungsmauer und die sie überragenden Kuppeln und Türme der „Goldenen Stadt" auf, die auf dem breitgeschwungenen Gipfel liegt. Die Dächer der Kathedralen und anderer hoher Gebäude strahlen im Goldglanz des Lichtes, das voll auf ihre metallene Außenfläche fällt.

Auf einer kleinen Anhöhe, abseits des Pilgerweges hat der Starez Basilius seine Klause. Ich verlasse meine Gruppe, mit der ich den weiten Weg bis hier oben hin gegangen bin. Nach freundlicher Begrüßung frage ich den Starez.

Manfred: „Vater Basilius, Ihr seid ein wirklich Erfahrener des Jesusgebetes oder des ‚Herzensgebetes'", wie wir Heutigen meist sagen. Ihr könnt mir sicher meine Fragen beantworten.

Ich lebe schon viele Jahre mit dem Herzensgebet. Aber manchmal denke ich, daß es doch recht beschwerliche Abschnitte auf diesem Wege gibt. Sollte man sich nicht besser mit den normalen Gebeten begnügen?"

Vater Basilius, versonnen auf die im Lichtglanz strahlende Stadt weisend: „Jeder, der sich ernsthaft um Gott bemüht, wird dereinst in die Goldene Stadt einziehen. Der Weg des Herzensgebetes ist besonders für jene gedacht, die es auf den anderen Straßen schwer haben, voranzukommen.

Beim Herzensgebet werden Kopf, Gemüt und die ganz tiefen Seelenbereiche Christus dargebracht. Darum ist die Umwandlung intensiv; und die Läuterung von den Gedanken, Vorlieben und Strebungen, die dem Heiligen Gott entgegenstehen, ist besonders gründlich."

Manfred: „Fordert das Herzensgebet nicht doch zuviel vom einzelnen? Wir haben manche in unserer Gruppe, die nicht mehr jung sind, manche sind von vornherein nicht so kräftig, um starke ‚Steigungen‘ auf dem Wege zu bewältigen."

Vater Basilius: „Gott erwartet immer nur das dir Mögliche; es geht um dein Maß, nicht um das Maß der anderen. Und außerdem ist es so, daß das Herzensgebet für die Hilfsbedürftigen und Schwachen seine besonderen Verheißungen hat. Sie können mit dem heiligen Wort ‚Sandkorn für Sandkorn‘ das Flußbett bereiten, in welches sich SEINE Stärke ergießen und sie stützen will. Je weiter und fester dieses Bett wird, desto leichter kann sich auch die Glaubensbeziehung zu Gott hinbewegen, umso sicherer erreicht sie SEINE Antwort."

Manfred: „Aber manchmal bin ich doch unsicher, ob wirklich so viele Herzensgebete notwendig sind, um uns Menschen innerlich umzuformen. Reden wir Unwissenden uns vielleicht nur ein, daß Christus eine solche Menge von Bitten benötigt, daß er sie alle wertschätzt?"

Vater Basilius: „Weder der allmächtige Vater noch der göttliche Sohn, den wir immer im Gebet ansprechen dürfen, *benötigen* unsere Gebete. Doch hat es dem allgütigen Gott gefallen, unsere Welt so zu planen, daß ein jegliches, der göttlichen Gegenwart dargebrachtes Gebet diese Welt zum Guten hin verändert. Deswegen sind alle ernstlichen Gebete hochgeschätzt.

Jedes deiner Herzensgebete wirkt weiter als leuchtender Strahl, der die göttliche Kraft in die dunklen Zonen unserer – aber auch der jenseitigen – Welt gelangen läßt.

Auf diese Weise helfen die Betenden mit, unsere Schöpfung heller und lichter werden zu lassen. – Wer betet, betet nicht nur für sich. Das meinen nur diejenigen, die lediglich die Außenseite des Herzensgebetes sehen."

Manfred: „Und wie ist es mit der ‚Hesychia', der großen Ruhe in Gott? Bei den Vätern war sie doch so etwas wie ein Grundziel. Ich habe sie noch nicht gewonnen. Gehe ich denn meinen Weg in so unvollkommener Spur?"

Vater Basilius: „Du mußt dir klarmachen, daß ihr Heutigen es in dieser Hinsicht schwerer habt als die Altvorderen. Ihr lebt in einer technisierten, lärmenden, vom Mediengeschrei geplagten Wirklichkeit. Wie schnell waren demgegenüber die Väter in der Einsamkeit, in der äußeren Ruhe. Und äußere und innere Ruhe fördern einander.

Hinzu kommt, daß sie nicht so ausgefallene Wünsche hatten, von denen ihr meint, daß sie unbedingt zum gegenwärtigen Leben dazugehören. Von ihnen müßt ihr euch erst befreien, wenn die große Ruhe euer Ziel ist.

Aber mache dir wegen der ‚Ruhe‘ nicht unnötige Besorgnis! Geh' weiter deinen Weg des Herzens. Möglicherweise gelangst du bald an eine Station, in der dich die göttliche Wirklichkeit direkt anrührt. Dann wird auch die ‚Ruhe‘ wachsen. – Wenn du dir deiner Gottesbeziehung ganz sicher geworden bist, was in der ‚Welt‘ vermag dich dann noch zu verunsichern?“

Manfred: „Nun übe ich mit dem heiligen Wort schon viele Jahre. Bei den Vätern habe ich gelesen, daß sich das immerwährende, selbsttätige Herzensgebet einmal entwikkeln könnte. Aber davon bin ich wohl noch weit entfernt.“

Vater Basilius: „Ach ja, auch die Altvorderen haben in großer Zahl nach dem ständigen, selbsttätigen Gebet, das sie manchmal auch das ‚reine‘ Gebet genannt haben, Ausschau gehalten. Ganz selten hat einer von ihnen diese Gnade geschenkt bekommen. Der hl. Isaak der Syrer meint, daß von Zehntausenden, die mit dem Herzensgebet umgehen, nur ein einziger diese Gabe erhält.[10] Man kann sie sich nicht verdienen; sie ist das freie Geschenk Gottes. Darum rechne nicht mit dieser höchsten Ausformung des Herzensgebetes.

Wenn du dein Maß des Herzensgebetes wahrnimmst und dabei die göttliche Gegenwart vor Augen hast, dann tust du das Deine. Dann sollst du zufrieden sein, denn Gottes Segen wird dein Leben erfüllen.“

Manfred: „Werde ich je zum Tempel Gottes werden? Nun lebe ich schon über zehn Jahre mit dem Herzenswort, aber ich fühle mich nicht als ‚Tempel Gottes‘. Und doch wäre ich so gern ein ‚Vollkommener‘.“

---

[10] Vgl. Ware, K./Jungclaussen, E., 1982, S. 54.

Vater Basilius: „Wenn ich dich hineinspüre, dann erkenne ich Reste egoistischer Strebungen. Das Sehnen nach Anerkennung durch die Mitmenschen, aber auch heimlicher Stolz nisten noch auf dem Grund deiner Seele. Du hast schon viel erreicht – mit Gottes Hilfe; sonst wärest du nicht bis zu dieser Anhöhe gelangt, wo ich meine Klause habe.

Wenn du wirklich ein Vollkommener werden willst, wie die Väter manchmal sagten, dann prüfe dich genau! Erst dann bitte Gott!

Dann mußt du den Boden deines Herzens noch gründlicher von Christus bereiten lassen, was auch mit Schmerzen verbunden sein kann. Werde demütiger und kümmere dich um die Kleinen und Unerlösten! Dann kann Christus die Mauern Seines Tempels in dir errichten und Seinen bleibenden Einzug halten. Von dort aus mag Er mit dir vereint wirken; aber den Zeitpunkt dazu bestimmt Er ganz allein."

Manfred: „Vielleicht ist es tatsächlich ein zu hohes Ziel für mich, ein Vollkommener im Sinne der Väter zu werden. Aber die Goldene Stadt, dort hinter den ragenden Mauern, werde ich sie jemals betreten? Wird ihr goldgelbes Licht mich je umstrahlen und wärmen?"

Vater Basilius: „In Wahrheit liegt die Goldene Stadt im tiefsten Grunde deines Herzens. Das sagt schon der hl. Makarios der Ägypter: ‚Es gibt unergründliche Tiefen des Herzens. Da ist Gott mit den Engeln, Licht und Leben sind da, das Königreich und die Apostel, die himmlische Stadt und die Reichtümer der Gnade: Alles ist dort.‘[11]

---

[11] Makarios-Homilien, XV, 32 u. XLIII, 7; zit. In Ware, K./Jungclaussen, E., 1982, S. 53.

Ob du diese Stadt, die vom herrlichen Leben Gottes geprägt ist, in diesem deinen Leben schon betreten wirst, das weiß ich nicht", entgegnete der Starez. „Vielleicht erfährst du schon zu Lebzeiten einen Abglanz ihrer Strahlkraft, wenn du dich immer tiefer in das Herzensgebet hineinbegibst, aber gleichzeitig deine Aufgabe im äußeren Leben voll wahrnimmst.

Doch in einer Hinsicht darf ich dir Gewißheit verschaffen", sagte der Starez und schaute mit seinen leuchtenden Augen hin zu der Silhouette der himmlischen Stadt: „Ob du am Ende deines Lebensweges die Stadt immer noch in weiter Ferne liegen siehst oder ob du schon so nahe herangekommen bist, daß die glänzenden Portale und Türme unmittelbar vor dir liegen, du hast in jedem Fall das volle Bürgerrecht für die Goldene Stadt Gottes erworben.

Wer den Weg des Herzensgebetes gegangen ist, ihn redlich gegangen ist, der/die wird spätestens dann, wenn die raumzeitlichen Beschränkungen dieser Welt aufgehört haben, zu ihren glücklichen Bewohnern gehören.

SEIN Glanz wird ihn/sie umstrahlen, wenn er/sie mit den anderen Erneuerten freudig ihre Alleen und Plätze begeht", schloß der Starez.

Froh machte sich Manfred auf den Rückweg zu seiner Gruppe. Er durfte nicht vergessen, unterwegs einen Wanderstock für die nun schon etwas ältere Hildegard mitzunehmen. Hildegard hatte sich auf dem Weg bergauf einen schmerzenden Knöchel zugezogen; und ein derber Stock würde ihr beim Weitergehen gute Dienste leisten.

Verzeichnis der benutzten Literatur

Adler, G. (1986), Erinnerung an die Engel, Herder, Freiburg i. Br.

Alexander, G. (1984), Eutonie, Kösel, München

Boorstein, S. (Hrsgb.) (1988), Transpersonale Psychotherapie, Scherz, Bern-München-Wien

Dürckheim, Graf, K. (1981), Übung des Leibes auf dem inneren Weg, Lurz, München

Evans, R., (1967), Gespräche mit C. G. Jung, Rhein, Zürich

Fischli, L. u. Mallasz, G. (Hrsgb.) (1993), Die Antwort der Engel, Daimon, Einsiedeln

Franzen, Aug. (1975), Kleine Kirchengeschichte, Herder, Freiburg i. Br.

Gaebelein, A. C. (1994), Die Welt der Engel, Christl. Verlagsgesellschaft, Diellenburg

Greenstein, G. (1988), Die zweite Sonne, Econ, Düsseldorf

Grof, St. u. Chr. (1990), Spirituelle Krisen, Kösel, München

Hallesby, O. (1985), Wie ich Christ wurde, Brockhaus, Wuppertal

Ilarion, Sch. (1991), Auf den Bergen des Kaukasus, Müller, Salzburg

Jäger, W., (1991), Suche nach dem Sinn des Lebens, Via Nova, Petersberg

Jans, Fr.-X. (1994), Das Tor zur Rückseite des Herzens, Vier Türme, Münsterschwarzach

Jung, C. G., (1996), Die Archetypen und das Kollektive Unbewußte, Werke, 9/I, Walter, Zürich-Düsseldorf

Jungclaussen, E. (Hrsgb.) (neu 1974), Aufrichtige Erzählungen eines russischen Pilgers, Herder, Freiburg i. Br.

Jungclaussen, E. (Hrsgb.) (1989), Das Jesusgebet, Pustet, Regensburg

Kottje R. u. Moeller, B., (1973), Ökumenische Kirchengeschichte, I-III, M. Grünewald, Mainz

Krollpfeiffer, H. (1992), Älter werden ist ganz normal, Knaur, München

Kuratorium Deutsche Altershilfe (KDA) (IIrsgb.), (1996), Rund ums Alter, Beck, München

Lafrance, J. (1988), Das Herzensgebet, Vier Türme, Münsterschwarzach

Leloup, J.-Y. (1989), Das Herzensgebet, question de Nr. 67, Paris, Alb. Michel, Neumühle

Lersch, Ph. (1954), Aufbau der Person, Barth, München

Lipsett, P. R. (1992), Wege zur Transzendenzerfahrung, Vier Türme, Münsterschwarzach

MacDonald-Bayne, M. (1991), Göttliche Heilung von Seele und Leib, Aurum, Braunschweig

Makarytschowa, N. (1962), Mitte des Herzens, Thomas, Zürich

Mallasz, G. (1986), Weltenmorgen, Daimon, Einsiedeln

Massa, W. (Hrsgb.) (1982), Die Höhle des Herzens, Butzon & Bercker, Kevelaer

Raab, P. (Hrsgb.) (1995), Meditieren – wie und wo, Herder, Freiburg i. Br.

Rohr, R. u. Ebert, A. (1997), Das Enneagramm, Claudius, München

Rompf, M. (1991), Einführung in die Meditation und Kontemplation, Manuskript f. Deutschen Evangelischen Kirchentag

Rosenberg, A. (Hrsgb.) (neu 1983), Die Meditation des Herzensgebetes, Barth, Bern-München

Scharf, S. (1979), Das Große Buch der Herzensmeditation, Aurum, Freiburg i. Br.

Scharf, S. (1976), Die Praxis der Herzensmeditation, Aurum, Freiburg i. Br.

Selawry, A. (Hrsgb.), (1986), Das immerwährende Herzensgebet, Barth, Bern-München

Schneider, Gr. u. Schulte, W. (1968), Einführung in das Alte Testament, Neukirchener Verlag des Erziehungsvereins

Starez Theophan (neu 1989), Schule des Herzensgebetes, Müller, Salzburg

Steck, K. G. (Hrsgb.) (1955), Luther, Fischer, Frankfurt/M.

Ströter-Bender, J. (1988), Engel, Kreuz, Stuttgart

Vonzun, L. u. Jans, Fr.-X. (1996), Tore zum Licht, Kösel, München

Vorgrimler, H. (1991), Wiederkehr der Engel?, Butzon & Bercker, Kevelaer

Wallner, E. M. (1973), Soziologie, Quelle und Meyer, Heidelberg

Walsh, R. N. u. Vaughan, Fr. (Hrsgb.) (1985), Psychologie in der Wende, Scherz, Bern-München-Wien

Ware, K. u. Jungclaussen, E. (1982), Hinführung zum Herzensgebet, Herder, Freiburg i. Br.

Westermann, Cl. (1965), Tausend Jahre und ein Tag, Kreuz, Stuttgart

Wilson Schaef, A. (1993), Die Flucht vor der Nähe, dtv, München

Wolff, U. (1993), Breit aus die Flügel beide, Herder, Freiburg i. Br.

Zietz, K. (1953), Einführung in die Allgemeine Psychologie, Waisenhaus, Braunschweig

Zeitschrift

Transpersonale Psychologie und Psychotherapie, (Jg. 1995–1998), Via Nova, Petersberg

Weitere Bücher aus dem Verlag Via Nova:

Der innere Schrei nach Erlösung

Befreiung von innen

François Brune

288 Seiten, gebunden – ISBN 3-928632-44-2

Die Welt als Hologramm – Erlösung von innen

Während viele das Ende des Christentums voraussagen, unterstreicht der Verfasser die absolut einzigartige Bedeutung des Christus für die Entwicklung der Menschheit. Anders als die philosophische Theologie ist die mystisch-holographische Theologie darauf ausgerichtet, von innen heraus wirksam zu werden. Brune versteht die Welt als ein Hologramm, in dem alles mit allem verbunden ist, also auch jede Seele mit jeder anderen – und mit Christus, der aus der Tiefe einer jeden Menschenseele als Mittelpunkt des kosmischen Hologramms erstrahlt. Unfaßbar? Aber wie, wenn es wahr wäre? Das gilt es in diesem Buch zu entdecken, das so fesselt wie eine Abenteuerreise – die Reise in die mystische Erfahrung.

Suche nach der Wahrheit

Wege – Hoffnungen – Lösungen

Willigis Jäger

228 Seiten, gebunden – ISBN 3-928632-41-8

Spirituelle Weisungen aus der Sicht des Mystikers

Wer bin ich? Woher komme ich? Warum bin ich? Welcher Weg führt zur Wahrheit? Welches Leben eröffnet Sinn? Nur in der Tiefe unseres Seins gibt es eine wahre Antwort auf diese bohrenden Fragen. Um sich dieser Wahrheit zu nähern, wurde dieses Buch geschrieben. Der Verfasser begleitet den Leser auf der Suche nach der Wahrheit. Alle wichtigen Themen des spirituellen Lebens werden behandelt und zur christlichen Mystik, zu den Erkenntnissen der Naturwissenschaften und der Transpersonalen Psychologie in Bezug gesetzt. Ein spiritueller Meister unserer Zeit hat den Mut, grundlegende Glaubensinhalte des Christentums aus der Sicht des Mystikers neu zu interpretieren. Er will die Erkenntnis vermitteln, daß allein die religiöse Erfahrung zu den Quellen der Religion führen kann und so mithelfen, daß das kommende „Jahrhundert der Metaphysik" für alle Religionen eine Zeit der Regenation wird.

Bede Griffiths

Ein Mensch sucht Gott

John Swindell, Hrsg.

192 Seiten, gebunden – ISBN 3-928632-39-6

Ein authentischer Zeuge für die Anwesenheit Gottes in der Welt

Einer der größten Virtuosen unseres Jahrhunderts, Yehudi Menuhin, hat den Mönch, Mystiker und Meister Bede Griffiths auf unübertreffliche Weise charakterisiert: „Er ist ein authentischer Zeuge für die Weisheit der großen Religionen. Er offenbart meisterlich und wunderbar die Gegenwart Gottes." Dieser göttliche Geist berührt den Leser in diesem Buch, in dem einer der größten Mystiker unseres Jahrhunderts über sein Leben reflektiert. In diesen Selbstzeugnissen wird eine erstaunliche Synthese von Wissen und Erfahrung, von westlichem Denken und östlicher Weisheit dokumentiert. Der Leser wird getroffen von der bedingungslosen Liebe als Schlüssel zur Versöhnung aller Gegensätze in der Welt.

Geburtsstunde des neuen Menschen

Hugo Makibi Enomiya-Lassalle zum 100. Geburtstag

Roland R. Ropers

204 Seiten, gebunden – ISBN 3-928632-38-8

Kosmisches Bewußtsein für den Menschen der neuen Zeit

Der bedeutende Lassalle-Kenner Roland R. Ropers, Herausgeber der wichtigsten Lassalle-Bücher in Deutschland, hat zum 100. Geburtstag von Pater Lassalle das geistige Vermächtnis dieses bedeutenden spirituellen Lehrers verdichtet. Er hat in diesem Buch die wichtigsten spirituellen Weisungen und Einsichten des großen christlichen Zenmeisters über den Zen-Erleuchtungsweg und die christliche Mystik sowie die prophetisch erschaute Zukunft in einem neuen, dem integralen Bewußtsein dargestellt. Dem Verfasser ist es gelungen, die spirituelle Leuchtkraft des von vielen verehrten und geliebten Zenmeisters erneut zum Strahlen zu bringen.

Spirituelle Erziehung

Hilfreiche Ratschläge – Praktische Weisheit

Lee Lozowick

312 Seiten, gebunden – ISBN 3-928632-51-5

Praktischer Ratgeber für Eltern und Erzieher, die im Umgang mit Kindern ein größeres Maß an Bewußtheit, Freundlichkeit und Mitgefühl sowie mehr Ehrlichkeit im Verhältnis zu sich selbst in die Erziehung einbringen wollen. Das Buch will Eltern in ihrer wichtigen Erziehungsarbeit helfen und Kindern einen optimalen Start verschaffen.

Dieses Buch richtet sich an all jene, die für die Erziehung Weisung aus einer höheren Ebene empfangen wollen. Spirituelle und bewußte Erziehung könnte man zusammenfassen: Liebe und Zuneigung entwickeln, lebensbejahende Grenzen für unsere Kinder aufzeigen und Ehrlichkeit uns selbst und unseren Kindern gegenüber aufbringen.

Hauptelement jeder Kindererziehung ist das Vorbild der Eltern. Da wir unseren Kindern nicht geben können, was wir selbst nicht besitzen, fordert der Autor Eltern und Erzieher dazu auf, die das eigene Leben beherrschende Ichbezogenheit, Ignoranz und mangelnde Bewußtheit genau unter die Lupe zu nehmen, weil sie das Glück und Wohlbefinden unserer Kinder gefährden.

Das Enneagramm der Gesellschaft

Die Übel der Welt, das Übel der Seele.

Claudio Naranjo

168 Seiten, gebunden, 10 Zeichnungen – ISBN 3-928632-37-X

Das Wissen um die Tiefenstrukturen der Seele mit Hilfe des Enneagramms führt zur Erkenntnis des eigenen Charakters mit seinen Stärken, Schwächen und verborgenen Potentialen. In diesem Buch weist Claudio Naranjo – Arzt, Psychiater, weltbekannter Bewußtseinsforscher und Therapeut – nach, daß die Mißstände der Welt in den Übeln unserer Seele begründet liegen.

Es werden dabei folgende Themen behandelt:

- Das Enneagramm als Landkarte der Übel, Sünden und grundlegenden Leidenschaften in der individuellen Psyche sowie die Beziehungen zwischen diesen Übeln und den Krankheiten der Seele.
- Eine detaillierte Beschreibung der Störungen der Persönlichkeit oder Charakterneurosen, die sich aus jeder einzelnen dieser Übel oder krankhafter Zustände ableiten lassen.
- Eine Diskussion der Verwirrungen der Liebe, die jedem einzelnen dieser menschlichen Charaktere des Enneagramms zu eigen sind.
- Eine Betrachtung eines möglichen „Enneagramms der Gesellschaft" als eine kurze sozialkritische Abhandlung aus der Perspektive der psychischen Krankheiten des individuellen Charakters.

Die Vision des göttlichen Menschen

Barbara Schenkbier

432 Seiten, gebunden, Einband Kunstleder mit Goldaufdruck,
21 ganzseitige Bilder, Zweifarbendruck,
ISBN 3-928632-18-3

Das Buch ist ein umfassendes Standardwerk, das den Durchbruch einer neuen Evolutionsstufe im menschlichen Bewußtsein des Menschen vorbereiten hilft. Aufbauend auf wissenschaftlichen Erkenntnissen und der mystischen Tradition aller Religionen führt es zu einem tieferen Wissen über das menschliche Bewußtsein, um dann den Weg zum göttlichen Menschen zu beleuchten. Alle wichtigen Schritte werden beschrieben, wesentliche Übungen aus einer neuen Sicht heraus dargestellt und die Transformationsstufe zu einem neuen Bewußtsein geschildert.
Beim Lesen und Anwenden der beschriebenen Wahrheiten eröffnet sich dem Leser eine neue Sicht über den Sinn des Lebens. Alle, die den geistigen Weg beschreiten, werden ihn besser verstehen, ihn bewußter, mutiger und konsequenter weitergehen.
Das Buch ist aus der eigenen, spirituellen Erfahrung der Autorin heraus geschrieben und eröffnet den Blick in eine Zukunft, die die evolutionäre Schöpferkraft selbst schaffen wird.

Der Weg durch den Sturm

Weltarbeit im Konfliktfeld der Zeitgeister
Arnold Mindell

248 Seiten, gebunden – ISBN 3-928632-29-9

Wie sollen wir Menschen an der Schwelle zum dritten Jahrtausend unsere gigantischen Probleme lösen? Ausgehend von seinen Erfahrungen in der psychotherapeutischen und supervisorischen Arbeit mit Einzelnen und Gruppen in vielen Teilen der Welt hat Mindell Ansätze für eine Methode entwickelt, welche Lösungen nicht von außen überstülpt, sondern Gruppen und Großgruppen dabei unterstützt, sich selbst kennenzulernen und bisher unterdrückte oder übersehene Teile als Ressourcen für den Umgang mit ihren Schwierigkeiten und zur Entwicklung von Gemeinschaft zu nutzen.
Wie können Betroffene dabei unterstützt werden, aus ihrem Prozeß und ihrem jeweiligen Feld heraus Zugang zu den eigenen Potentialen von Führungskraft und Weisheit zu finden? Dieses Buch schildert Schritte auf dem steinigen Weg der Suche nach einer neuen „Weltarbeit", welche Erkenntnisse aus der Psychologie, den modernen Naturwissenschaften und den alten spirituellen und schamanistischen Traditionen zusammenbringt, um den Herausforderungen unserer Zeit zu begegnen.

Wenn es verletzt, ist es keine Liebe

Wege zu erfüllenden Beziehungen
Chuck Spezzano

384 Seiten, gebunden – ISBN 3-928632-20-5

Dieses Buch verändert Ihr Leben. Ein Wissender zeigt den Weg, wie Sie ein Leben führen können, das erfüllt ist von Liebe und Verstehen, von Freude und Glück. Sie erfahren in 366 Kapiteln wichtige Lebensgrundsätze, die Ihre zwischenmenschlichen Beziehungen auf eine höhere Ebene heben.
Die Weisheit der Liebe, die der Verfasser in jahrzehntelanger Forschungsarbeit als Psychotherapeut, als weltweit bekannter Seminarleiter, als visionärer Lebenslehrer entdeckt und in klare Weisungen umgesetzt hat, verwandelt Sie und berührt Ihr wahres Wesen, das Liebe ist.
Durch die angebotenen Übungen, die das theoretisch Erkannte auch in den praktischen Alltag umsetzen, wird das Buch zu einem Wegbegleiter und Ratgeber in bedrängenden Beziehungsnöten. Sie reifen in Ihrer Selbsterkenntnis, können Ihre Beziehungen in Partnerschaft und Freundschaft neu ordnen, vertiefen und intensivieren.

Dreißig Schritte, um absolut jedes Problem zu lösen

Chuck Spezzano

120 Seiten, gebunden – ISBN 3-928632-33-7

Dies ist ein Buch für Menschen, die sich nicht mit ihren Problemen abfinden wollen. Ein Buch, das dem Leser zu erkennen hilft, daß jedes Problem eine Chance für persönliches Wachstum in sich birgt. Ein Buch, das den Leser zu seiner eigenen Kraft und zu jenem Urvermächtnis von Wahrheit, Wandlung und Wundern zurückfinden läßt, das uns allen innewohnt. In seiner ebenso liebevollen wie leicht verständlichen Sprache erläutert Chuck Spezzano nicht nur die wichtigsten Kräfte, die immer wieder bei der Entstehung von Problemen am Werke sind, sondern auch die entsprechenden Heilungsprinzipien, mit denen jedes Problem ganz einfach aufgelöst werden kann. Praktische Übungen lassen den Leser über das rein intellektuelle Verstehen hinausgehen und ihn die jeweiligen Prinzipien selbst erfahren. Dieses Buch möchte den Leser auf seinem Weg begleiten, ihm ein treuer Freund und Gefährte sein, der immer zur Hand ist, wenn man ihn braucht.

Yoga – Schlüssel zur Streßbewältigung

Ganz entspannt im Hier und Jetzt

F. Jürgen Schell

144 Seiten, Paperback, 25 Graphiken und Abbildungen
ISBN 3-928632-48-5

Dies ist ein wichtiges Buch nicht nur für Yogaübende, sondern für alle streßgeplagten Menschen unserer Zeit. Es wird ihnen ein Schlüssel angeboten, wie sie dem Teufelskreis von Streß, Leistungsdruck, zwanghaftem Verhalten und Unterdrückungsmechanismen entfliehen können.

In diesem Buch erläutert der Autor, selbst Arzt und Yogalehrer, die neuesten Forschungsergebnisse über die körperliche Streßreaktion und ihre gesundheitlichen Folgen. Die psychischen und körperlichen Faktoren einer modernen Streßbewältigung werden erklärt, wodurch der Leser versteht, warum speziell der Hatha-Yoga das ideale Verfahren für eine erfolgreiche Streßbewältigung darstellt. Die Problematik, eine spirituelle Disziplin so zu funktionalisieren, diskutiert der Verfasser ebenso wie die Beeinflussung des Nervensystems durch Yogatechniken im Zusammenhang mit der Evolution des Bewußtseins. Die Sachverhalte werden von der wissenschaftlich-physiologischen Untersuchung über die psychologische Beobachtung bis zu spirituellen Erkenntnissen dargestellt.

Transpersonale Psychologie und Psychotherapie

112 Seiten, zwei Ausgaben: Frühjahr und Herbst

Transpersonale Psychologie und Psychotherapie ist eine unabhängige Zeitschrift, schulen-, kultur- und religionsübergreifend, verbindet das Wissen spiritueller Wege und der Philosophia perennis mit moderner Psychologie und Psychotherapie, leistet Beiträge zur wissenschaftlichen Fundierung des Transpersonalen.

Transpersonale Psychologie und Psychotherapie ist eine Zeitschrift, die sich an Fachleute und Laien wendet mit einem Interesse an transpersonalen Themen. Aus einem schulen-, kultur- und religionsübergreifenden Verständnis heraus bietet sie ein Forum der Verbindung von Psychologie und Psychotherapie und deren theoretischen Grundlagen mit spirituellen und transpersonalen Phänomenen, Erfahrungen und Wegen, Welt- und Menschenbildern. Sie dient dem Dialog der verschiedenen Richtungen, fördert integrative Bemühungen und leistet Beiträge zur Forschung und Theoriebildung. Sie bietet Überblick, Orientierung und ein Diskussionsforum auf wissenschaftlichem Niveau.